LIQUIDATION

DE LA

MAISON V.ᵉ TESTELIN-WARESQUELLE et C.ⁱᵉ,

A LILLE.

LILLE. — IMP. DE L. DANEL.

1848

LIQUIDATION

DE LA

MAISON V.ᵉ TESTELIN-WARESQUELLE et C.ⁱᵉ,

A LILLE.

LIQUIDATION

DE LA MAISON V.ᵉ TESTELIN-WARESQUELLE ET C.ⁱᵉ,

A LILLE.

PREMIER COMPTE-RENDU

Présenté au nom des Commissaires-Liquidateurs, Messieurs César **Wacrenier** et H.ⁱ **Dubois** fils;

Dressé et arrêté par M.ᵉ Jos. Van Boughen,

LE 31 MARS 1845.

Nota. Le compte-rendu qui explique le mouvement et l'effet produit des mutations survenues pendant la liquidation se trouve accompagné de plusieurs bordereaux justificatifs dont on suivra l'ordre par numéro.

CHAPITRE 1.ᵉʳ DE L'ACTIF, Bordereau N.° 1.

Marchandises.

Les marchandises en magasins, en route et en consignation chez divers, figurent par estimation, dans l'état de situation du 4 décembre 1839, pour fr. 111,021 28. Cette somme comprenait ainsi que l'explique ledit état, les marchandises susceptibles d'être revendiquées, celles-ci n'étaient pas d'une grande importance, il en est rendu compte dans le *Bordereau N.°* 1 ainsi que de celles qui se trouvaient en consignation chez des créanciers. Le montant de ces marchandises figure dans ledit bordereau dans la colonne des ventes, mais pas dans celle des recettes, attendu que ces sommes sont portées en décharge du passif *Bordereau N.º* 8, elles ont donc concouru à diminuer simultanément l'actif et le passif.

Si l'état de situation du 4 décembre 1839, dressé d'après les renseignements donnés par M. Alphonse Testelin, liquidateur, ainsi que par les employés de la maison, ne fait pas mention de ces consignations, c'est parce que MM. les commissaires-liquidateurs, récemment entrés en fonctions alors, n'avaient pas eu le temps nécessaire pour prendre une connaissance parfaite de la position des affaires immenses de la maison dont la liquidation leur était confiée, et ignoraient que ces consignataires étaient des créanciers qui naturellement porteraient en déduction de leurs créances le produit de la marchandise qui se trouvait en leur possession.

Dans les fr. 111,021 28, ainsi qu'il est dit dans l'état de situation du 4 décembre 1839, n'était pas comprise la valeur des quatre caisses indigo revendiquées par MM. Guillot frères, du Havre. Ces quatre caisses indigo ne figurent pas dans le *Bordereau N.º* 1, attendu qu'elles sont devenues la propriété de ces Messieurs, avec qui une transaction a eu lieu. Cette transaction stipulait pour première condition leur adhésion à l'arrangement. Pour conserver ces quatre caisses indigo, MM. Guillot frères ont rendu le mandat de fr. 4,785 95 tiré par les débiteurs à leur ordre sur C. A. Ménard, à Paris, payable le 30 novembre 1839, lequel n'avait pas été acquitté et dont par conséquent ils devenaient créanciers. Par la restitution de ce titre le passif s'est trouvé déchargé de pareille somme qui figurait au compte de M. Guillot-Wattement. MM. Guillot frères ont en outre fait cession du mandat de fr. 4,603 09 resté en souffrance, tiré par eux pour compte des débiteurs sur ledit C. A. Ménard, dont celui-ci a tenu compte à la maison V.ᵉ Testelin-Waresquelle et C.ᵉ, somme qui, comme toutes celles dues par Ménard, a été classée dans les créances douteuses, au taux de 5 %, faisant fr. 230 15, qui sont venus bonifier l'actif.

Pour procéder avec ordre dans les écritures des nouveaux registres organisés pour opérer la liquidation, on a porté au débit du compte intitulé : *Marchandises générales*, non seulement les fr. 111,021 28, dont mention ci-dessus, mais aussi les fr. 280,000, montant de l'estimation des sucres et indigos chez M. Catheux, de Paris, parce que ces marchandises comme les autres devaient donner un bénéfice ou une perte quelconque. C'est par le même motif que le compte de M. Catheux a été crédité de fr. 280,238 32. Ce créancier, dans l'état de situation du 4 décembre 1839, ne figure au passif que pour fr. 238 32, le produit des sucres et indigos en sa possession devant servir à le couvrir de ses avances, s'élevant suivant son compte arrêté sur les livres des débiteurs, à fr. 280,238 32.

Pour mieux fixer les créanciers sur la position réelle de la maison V.ᵉ Testelin-Waresquelle et C.ᵉ, et leur faire voir d'un coup-d'œil ce qu'ils pouvaient espérer de la liquidation, on n'a pas porté à l'actif dans ledit état les fr. 280,000, estimation des sucres et indigos ; ces marchandises étaient le gage du consignataire, à qui il était dû ainsi qu'il a été dit, dans l'état du 4 décembre 1839, et comme on vient de le répéter, la somme de fr. 280,238 32.

Les comptes de ventes reçus de M. Catheux, des sucres et indigos dont il s'agit, montent et figurent dans la colonne des ventes du *Bordereau N.º* 1 pour fr. 288,930 55. Cette somme n'a point été reçue, mais portée au débit de M. Catheux, qui par contre a été crédité de fr. 8,512 85 pour voiture, assurance, etc., payées par lui pour ces marchandises, de sorte qu'au total M. Catheux est resté créancier par compte courant de fr. 569 10, somme que par transaction il a abandonnée, ainsi que plusieurs autres qu'il réclamait, s'élevant au moins à fr. 4,000. Cette concession n'a été obtenue qu'à force d'instances de la part de MM. les commissaires-liquidateurs dans les voyages à Paris qu'ils ont été obligés de faire. Finalement M. CATHEUX est resté créancier de fr. 9,000, somme qui se trouve au passif de l'état de situation du 4 décembre 1839, laquelle est comprise dans l'article billets à payer, il n'y a donc pas eu d'augmentation au passif.

La colonne des ventes du *Bordereau N.º 1*, qui est un relevé exact de l'avoir du compte intitulé *Marchandises générales* au grand-livre, présente un total de fr. 410,283 25, lequel se compose, savoir :

De fr. 296,018 36 marchandises en consignation vendues par MM. CATTEAUX, WATTEL et C.ᵉ, d'Anvers, et J. CATHEUX, de Paris, en déduction de leurs créances ;

   »   4,115 95 marchandises revendiquées par MM. POHLS et LOMER, de Bordeaux, ainsi que par MM. BLACQUE, CERTAIN et DROUILLARD, de Paris ;

   »   110,148 94 marchandises vendues contre espèces ou valeurs, à satisfaction, qui ont été recouvrées, dont les recettes, suivant ledit *Bordereau N.º 1*, n'ont produit que fr. 108,002 91 ⸴ 1.º parce qu'on n'a pas reçu les fr. 14 de la cochenille vendue à M. TÉTU, de Tourcoing, laquelle, pour cause de qualité, a été renvoyée par lui, revendue après comme toutes les autres marchandises qui se sont trouvées dans le cas d'être refusées, expédiées avant ou après la suspension ; 2.º parce qu'il a été accordé, suivant ledit bordereau, fr. 351 91, réductions à divers ; 3.º parce qu'il a été alloué, selon convention et l'usage, pour escompte, fr. 1,712, 12 ; 4.º parce que fr. 10 restent dus par MM. ROUSSEL et RÉQUILLARD, de Tourcoing, qu'à tort leur sieur ROUSSEL prétend avoir payés ; 5.º parce que M. GRARD-COUSIN, de Lille, à qui il avait été facturé par la liquidation pour fr. 58 bois de Saudale acheté par lui, n'en a pas pris livraison et en a retenu le montant d'un commun accord.

Sur cette somme de fr. 108,002 91, figurant dans la colonne des recettes du *Bordereau N.º 1*, on a prélevé, dont détail au bas dudit bordereau, celle de fr. 2,001 10 payée pour commission de vente et aux scieurs contre la remise des bois restés en leur possession, de sorte qu'il n'y a à faire figurer au *Chapitre 1.ᵉʳ de l'Actif* que fr. 106,001 81 c. Si on ajoute à cette somme celles qui sont venues diminuer les créances de MM. CATTEAUX, WATTEL et C.ᵉ, d'Anvers ; POHLS et LOMER, de Bordeaux, et BLACQUE, CERTAIN et DROUILLARD, de Paris ; ensemble, fr. 11,203 76, ainsi que les fr. 10 dus par MM. ROUSSEL et RÉQUILLARD, de Tourcoing, et si par contre on en diminue les fr. 726 88, montant des marchandises renvoyées ou laissées pour compte avant d'être sorties des magasins des débiteurs, dont le *Bordereau N.º 1* a profité au préjudice du *Bordereau N.º 2*, on verra que le *Chapitre Marchandises*, figurant par estimation dans l'état de situation du 4 décembre 1839 pour fr. 111,021 28, a produit fr. 116,488 69, et par conséquent présente un bénéfice de fr. 5,467 41, y compris les aluns et couperoses, sur lesquels M. DERON, au nom de MM. BLACQUE, CERTAIN et DROUILLARD, de Paris, avait mis opposition entre les mains de M. Victor DELGUTTE, de Lille, pour exercer une revendication que MM. les commissaires-liquidateurs de V.ᵉ TESTELIN-WARESQUELLE et C.ᵉ ne trouvaient aucunement fondée.

Pour empêcher la détérioration de ces marchandises, faire cesser le loyer du magasin et profiter du bon prix qu'on pouvait obtenir de ces marchandises, MM. BLACQUE, CERTAIN et DROUILLARD, ne pouvant se mettre d'accord avec M. DERON, avaient cependant, à force d'instances auprès d'eux par MM. les commissaires-liquidateurs, consenti à une vente publique de ces aluns et couperoses, pour compte de qui il appartiendrait ; mais M. Deron, leur représentant à Lille, a constamment refusé de donner main-levée de son opposition.

M. Delgutte, chez qui se trouvaient ces marchandises, ne pouvant obtenir le paiement du magasinage qui lui était dû, a pris jugement, par lequel le tribunal de commerce de Lille l'a autorisé à faire vendre publiquement toutes ces marchandises, consistant en 32 blocs alun et 32 barriques couperoses ; de prendre sur leur produit : 1.º le montant de ce qui lui était dû, suivant état soumis à des experts ; 2.º les frais de procédure, et de tenir le solde à la disposition de qui de droit. Enfin, ce n'est que dans la dernière quinzaine de 1843 que les commissaires-liquidateurs de la maison V.ᵉ Testelin-Waresquelle et C.ᵉ, à force d'instances et de menaces bien ou mal fondées, sont parvenus à entrer en négociation avec MM. Blacque, Certain et Drouillard, et à terminer avec eux par transaction consistant : 1.º à admettre leur revendication fondée de 10 barriques alun restées en leur magasins, s'élevant, suivant estimation, à fr. 1,800, à porter au débet de leur compte ; 2.º que le reliquat de la vente opérée par M. Delgutte en vertu de jugement, et resté en sa possession, soit fr. 896 15, serait touché par la liquidation V.ᵉ Testelin-Waresquelle et C.ᵉ ; 3.º que MM. Blacque, Certain et Drouillard recevraient pour solde de tout compte avec cette liquidation, quarante-cinq pour cent sur leur créance, réduite à fr. 9,491 65, soit fr. 4,271 24. Cette somme leur ayant été payée, MM. Blacque, Certain et Drouillard ont cessé d'être créanciers de V.ᵉ Testelin-Waresquelle et C.ᵉ

Les sucres et indigos vendus par M. Catheux, de Paris, estimés, dans l'état de situation du 4 décembre 1839, fr. 280,000, ont produit, déduction faite des fr. 8,512, 85 payés par lui pour voiture, assurance, etc., la somme de fr. 280,417 70 ; le bénéfice de fr. 417 70 sur ces marchandises est loin d'atteindre le chiffre espéré et annoncé dans les prévisions de l'état de situation du 4 décembre 1839. Ces fr. 417 70, ajoutés aux fr. 5,467 41, dont mention plus haut, forment la balance du compte *Marchandises générales*, soit fr. 5,885 11.

Il résulte donc que le *Chapitre* 1.ᵉʳ doit être chargé de fr. 106,001 81 c., *Actif réalisé et encaissé*.

CHAPITRE II DE L'ACTIF, Bordereau N.º 2.

Débiteurs supposés solvables au 4 décembre 1839.

Le *Bordereau N.º* 2, pour ce qui concerne les colonnes des noms et des sommes dues, est une copie des *Bordereaux N.*ᵒˢ 1 et 2 du 4 décembre 1839, fondus en un seul bordereau rectifié, conformément à l'état de situation dressé ledit jour et suivant le rapport lu à l'assemblée des créanciers qui a eu lieu le 23 mars 1840, faisant connaître : 1.º une erreur d'addition d'un franc ; 2.º qu'indépendamment des fr. 17,758 34 retranchés des *Bordereaux N.*ᵒˢ 1 et 2 et portés à celui *N.*º 3 (*Débiteurs douteux*) ; une autre somme de fr. 157 46 avait subi la même opération, de sorte que le bordereau rectifié, formant le *Chapitre 2 de l'Actif*, se trouve réduit à fr. 192,728 10. Mais dans cette somme sont compris les soldes dus par comptes courants par MM. Robin et C.ᵉ, du Hâvre, F. Biart, d'Anvers, et Guillot frères, du Hâvre, s'élevant ensemble à fr. 22,717 16, qui, dans l'état de situation du 4 décembre 1839, ainsi qu'il convenait de le faire, ont été diminués de *l'Actif*, attendu que les deux premiers, reconnus créanciers pour des titres qu'ils avaient en leur possession, porteraient en déduction de leurs créances, les sommes dues par eux par compte courant. Ces mêmes sommes ont été portées en déduction du passif. Quant à MM. Guillot frères, on n'ignorait pas qu'ils figuraient à tort sur les livres de V.ᵉ Testelin-Waresquelle et C.ᵉ comme débiteurs, car on avait reconnu des irrégularités dans le passement des écritures de cette maison. Ces écritures régularisées, M. C.-A. Ménard, de Paris, est devenu débiteur des fr. 20,127 55 portés comme dus par MM. Guillot frères. Cette somme figure au *Bordereau N.º 2* rectifié, dans la colonne des diminutions, et au *Bordereau N.º 3* (*Débiteurs douteux*) dans celle des augmentations.

Comme ces fr. 20,127 55 dans l'état de situation du 4 décembre 1839 se trouvent diminués de *l'Actif*, ce contre-passement a fait profiter provisoirement à la liquidation fr. 1,006 38, produit de ces 20,127 55 réduits à 5 pour cent, comme toutes les créances réputées douteuses, parmi lesquelles figure M. Ménard, débiteur d'une somme considérable, dont il sera fait mention au *Chapitre 3 de l'Actif*.

D'autres débiteurs que les trois dont il vient d'être parlé, devenus créanciers comme eux, figurent également au *Bordereau N.º 2*. Les uns sont porteurs de titres, les autres sont devenus créanciers pour intérêts en leur faveur en réglant compte avec eux, ou pour marchandises envoyées en consignation à la maison V.ᵉ Testelin-Waresquelle et C.ᵉ, vendues par elle antérieurement à sa suspension, et dont elle n'avait pas remis compte de vente. Toutes ces sommes sont venues diminuer l'actif et augmenter le passif. Enfin, d'autres réductions ont été opérées sur le *Bordereau N.º 2*, la colonne des diminutions les indique, elles se composent de plusieurs catégories, savoir : d'intérêts ou escomptes, de marchandises renvoyées ou laissées pour compte, avant et après la suspension, de marchandises reçues en consignation vendues en totalité ou en parties, antérieurement à la suspension ; de sommes reçues antérieurement à la suspension justifiées par des quittances produites, de sommes appartenant à d'autres comptes que ceux où elles figurent, dont les unes ont été portées en augmentation du *Bordereau N.º 2*, chaque fois qu'on rencontrait sur ce bordereau les noms des véritables débiteurs, les autres figurent sur un bordereau spécial faisant suite à celui dont il s'agit, intitulé *Bordereau N.º 2 bis*, de manière que, où il n'y a eu que transposition et par conséquent seulement changement de nom, il n'y a pas eu préjudice pour la liquidation si le nouveau débiteur était solvable.

La colonne des diminutions du *Bordereau N.º 2* est aussi chargée des sommes non recouvrées et perdues pour cause de faillite ou arrangement à l'amiable, ainsi que de toutes les pertes de place des effets remis à M. C. Licson (ce banquier a eu à peu près tous les effets provenant de la liquidation). Trois comptes différents ont été ouverts à celui-ci : 1.º *son Compte* A, soit compte ancien, dont le solde de fr. 1,195 20 résulte des opérations faites avec lui antérieurement à la suspension, 20 novembre 1839. Ce solde, diminué successivement de fr. 80 36 pour diverses causes, est venu en suite en déduction de ce qui est dû à M. Licson par titre, consistant en effets restés en souffrance, à lui remis avant le 20 novembre 1839, de sorte que ce compte, le seul des trois qui reste maintenu, le constitue créancier de la maison V.ᵉ Testelin-

Waresquelle et C.ᵉ, de fr. 9,049 76, somme sur laquelle il a reçu et continuera à recevoir les dividendes comme les autres créanciers. Si cette somme venait à diminuer par le recouvrement d'une partie sur les véritables obligés des effets restés en souffrance, composant sa créance, il aurait à restituer les dividendes touchés sur cette partie à la liquidation V.ᵒ Testelin-Waresquelle et C.ᵉ; 2.ᵒ *son Compte* N, soit compte nouveau, lequel comprend toutes les opérations faites avec lui par la liquidation. Ce compte, lorsqu'on a réglé le chiffre de sa créance, balançait en sa faveur par fr. 202 31, mais comme on lui avait payé peu de jours auparavant une somme de fr. 200, la balance véritable de ce compte doit être prise pour fr. 402 31, dont il faut déduire fr. 250 94 que la liquidation avait reçus en trop de lui, longtemps avant règlement de compte, de sorte que sur le *Bordereau N.ᵒ* 2 il ne reste à diminuer de la colonne des sommes reçues que fr. 151 37 payés à M. Licson pour solder son compte N. Dans la colonne des diminutions du *Bordereau N.ᵒ* 2 ne figurent pas seulement les pertes de place des effets remis à M. Licson, mais les frais de protets de ceux revenus faute de paiement, ports de lettres, etc., dont les uns ont été remboursés à la liquidation par ceux qui les ont occasionnés, les autres restés à la charge de la liquidation ou portés en augmentation à ceux qui restent débiteurs; enfin les frais de poursuites autorisés, etc.; 3.ᵒ *son Compte, Recouvrements douteux.* Ce compte se trouve balancé; les effets dont il se composait n'ayant pu être recouvrés par lui, il les a rendus et le montant en a été porté au débit de ceux par qui ils sont dus, et font partie par conséquent du *Bordereau N.ᵒ* 2. Un de ces effets a été recouvré par la liquidation sans que les commissaires-liquidateurs aient été obligés de faire de nouveaux frais, mais grâce à un de leurs amis qui a bien voulu pousser cette affaire avec énergie et persévérance, malgré l'insolvabilité reconnue de l'obligé et les contestations opposées par lui.

Si la colonne des diminutions du *Bordereau N.ᵒ* 2 se trouve chargée des pertes de place prélevées par M. Licson, par contre la colonne des augmentations dudit bordereau a profité des intérêts bonifiés par ce banquier, dans plusieurs arrêtés de comptes. Dans la même colonne ont été portés les intérêts perçus de quelques débiteurs retardataires et une partie des escomptes diminués sur les effets reçus en paiement, dont les échéances dépassaient celles des factures dues. D'autres intérêts ou escomptes se trouvent portés en recette, *Bordereau N.ᵒ* 7, dont il sera fait mention au *Chapitre de l'Actif* qui comprendra ce bordereau.

Les recettes du *Bordereau N.ᵒ* 2, réduites à cause des fr. 151 37 payés à M. Licson à fr. 149,689 11, il reste à recouvrer sur ledit bordereau fr. 6,565 50, suivant la balance établie à la suite, conforme au relevé des sommes dues par chacun des débiteurs dont elle se compose. Sur ces fr. 6,565 50, il y a peu ou plutôt rien à espérer, d'après l'avis de MM. les commissaires-liquidateurs et celui des huissiers chargés du recouvrement d'une grande partie de cet actif.

Le *Bordereau N.ᵒ* 2 *bis*, qui se compose en grande partie de fractions des *Bordereaux N.ᵒˢ* 1, 2, 3, 5 et 8, présente fr. 727 06 de recette et fr. 797 13 à recouvrer. On peut espérer, les deux dernières parties des marchandises reçues en paiement réalisées avec la perte présumée, qu'environ le tiers de cette dernière somme rentrera. Il résulte donc, les *Bordereaux N.ᵒ* 2 et 2 *bis* réunis, que le *Chapitre 2 de l'Actif*, figurant dans l'état de situation du 4 décembre 1839 pour fr. 170,169 40, se trouve, en y comprenant même les sommes restant à recouvrer, diminué de fr. 12,390 60. Cette diminution provient : 1.ᵒ des marchandises vendues antérieurement à la suspension, renvoyées et refusées, reprises par la liquidation, dont le *Bordereau N.ᵒ* 1 a profité;

2.º de quelques marchandises fournies par la maison V.ᵉ Testelin-Waresquelle et C.ᵉ, laissées pour compte, 3.º d'intérêts comptés par ladite maison à ses clients, sans y être autorisée, dont la liquidation a dû faire l'abandon; 4.º de marchandises reçues en consignation par les débiteurs, vendues antérieurement à leur suspension, dont ils n'avaient pas remis compte de vente, et dont par conséquent le montant est venu en déduction des sommes dues. Une d'elles, de fr. 2,485 30, a même disparu antérieurement à ce fait, et le débiteur est devenu créancier. Les pertes sur les effets remis à M. C. Licson; enfin, les réductions et escomptes retenus, faillites, etc., sont venus diminuer le chiffre du 4 décembre 1839.

Le *Chapitre* 2 *de l'Actif*, pour les deux bordereaux dont il s'agit, ne peut donc être chargé que de fr. 150,416 17 *Actif réalisé et encaissé*, et de fr. 7,362 63 *Actif restant à réaliser*.

CHAPITRE III DE L'ACTIF, Bordereau N.º 3.

Débiteurs supposés douteux au 4 décembre 1839.

Le *Bordereau N.º* 3, quant aux noms et à la colonne des sommes dues, est aussi une copie du *Bordereau N.º* 3 du 4 décembre 1839, rectifié et mis d'accord avec l'état de situation dudit jour, ainsi qu'avec le rapport qui a été lu à l'assemblée des créanciers du 23 mars 1840. Ce bordereau, après avoir été augmenté des sommes comprises à tort dans celui *N.º* 2, figure à l'état de situation du 4 décembre 1839 pour fr. 239,572, calculés à 5 º/º, soit fr. 11,978 60. Ce n'était pas encore son véritable chiffre, mais bien celui de fr. 249,729 40, conformément audit rapport du 23 mars 1840. Cette somme s'est trouvée augmentée depuis lors de fr. 92,958 35, laquelle se compose : 1.º de frais de protêts et ports de lettres; 2.º des fr. 20,127 55 retranchés du compte de MM. Guillot frères et ajoutés à celui de Ménard, comme l'explique le *Chapitre* 2 *de l'Actif;* 3.º de fr. 4,603 09, créance sur Ménard, reçue en paiement desdits Guillot frères, lors de la transaction des quatre caisses indigo dont fait mention le *Chapitre* 1.ᵉʳ *de l'Actif*; 4.º de fr. 65,890 23 portés au débit de Ménard, d'accord avec son syndic, pour transposition, loyer, effets restés en souffrance, etc., etc.; 5.º de fr. 15 10 pour mainlevée de Milard qu'il était juste de faire supporter par Ménard; 6.º de fr. 812 50 payés par transaction à Roslin de Bercy pour obtenir de lui mainlevée de son inscription sur les propriétés de Ménard qui a consenti à prendre ces fr. 812 50 à sa charge; 7.º de fr. 1,500 dus par Ménard pour rectification de trois actions sur la compagnie d'assurances *la Seine*, reçues de lui en paiement pour fr. 3,000, tandis que sur ces actions, chacune de fr. 1,000, il n'avait versé que moitié, soit fr. 500 par action. Par contre, Ménard a reçu à son crédit, d'abord fr. 87,445 50, suivant compte réglé avec son syndic; somme répartie entre les deux colonnes diminutions et sommes reçues du *Bordereau N.º* 3, laquelle se compose : 1.º de fr. 516 60, effet protesté avec frais sur F. CORDIER, de Paris, retranché du débet de MÉNARD, une grande partie de cet effet ayant été reçue par des à-comptes payés par l'obligé, conformément au *Bordereau N.º* 5, et le restant n'étant pas désespéré ; 2.º de fr. 5,093 10 produit de fr. 50,931 36, créances cédées par MÉNARD à 90 p. %, perte, formant le chapitre 13 de l'actif ; 3.º de fr. 12,500, produit de 25 actions de cautionnement dans l'entreprise des bateaux accélérés du Nord, aussi cédées par MÉNARD, qui figureront au *Chapitre 8 de l'Actif* pour mémoire, ces actions n'ayant plus aucune valeur depuis la dissolution et la liquidation de la société, dont M. Alphonse TESTELIN était un des gérants qui, comme les autres, a dû réintégrer à la souche ces 25 actions, dont d'après les statuts elles n'auraient pas dû être détachées ; 4.º de fr. 1,800 en 3 effets sur Valenciennes, reçus pour compte de MÉNARD, de M. WALKER, avocat, à Paris, dont le recouvrement a été opéré ; 5.º de plusieurs sommes réclamées par MÉNARD pour frais ou comme redressement, dont il a fallu faire la concession forcément pour se mettre d'accord avec son syndic et être admis au passif de ce débiteur, déclaré en état de faillite, qui a obtenu concordat le 13 octobre 1840, homologué le 27 dudit mois, par lequel il a pris l'engagement de payer 10 p. % en trois ans, par tiers, d'année en année. Le premier tiers, qui était exigible le 27 octobre 1841, n'a, malgré toutes les menaces faites, pas encore été payé jusqu'à présent. Finalement MÉNARD a fait cession des 3 actions de *la Seine* dont il est fait mention plus haut, portées en compte par lui et son syndic pour fr. 3,000, au lieu de 1,500, de sorte que la créance chirographaire de la liquidation V.º TESTELIN-WARESQUELLE et C.º a été admise au passif de MÉNARD, d'accord avec le syndic et le juge-commissaire de sa faillite, pour fr. 149,103 54, réduite ensuite à fr. 144,010 54 d'après convention particulière avec MÉNARD, qui, pour parvenir à obtenir un concordat, a maintenu la cession faite par lui de fr. 50,931 36, créances à 90 %, perte, portée à son crédit par la liquidation pour fr. 5,093 10, mais repoussée par le juge-commissaire de la faillite MÉNARD. Cette créance chirographaire de fr. 144,010 54 se trouve augmentée depuis le concordat obtenu par MÉNARD des fr. 15 10, fr. 812 50 et 1,500 signalés plus haut, ainsi que de fr. 22,502 34 recouvrés en moins sur la créance hypothécaire de la liquidation, admise au passif de MÉNARD, par éventualité, pour fr. 30,000, laquelle, toutes les propriétés de MÉNARD vendues, qu'elle grevait, n'a produit applicable sur cette créance que fr. 7,497 66, de sorte que MÉNARD reste encore débiteur de fr. 168,840 48, somme sur laquelle il aura à payer pour se libérer 10 p. %, conformément à son concordat.

Malgré les nombreuses réductions auxquelles il a bien fallu se soumettre pour se mettre d'accord avec le syndic et le juge-commissaire de MÉNARD, afin d'être admis au passif de sa faillite, ce qui a nécessité plusieurs voyages à Paris et de longs débats, la liquidation ne se trouve pas lésée, car quelques réductions ont plus ou moins profité indirectement à son actif, et MÉNARD, porté débiteur au 4 décembre 1839 pour fr. 170,835 17, est devenu débiteur de fr. 174,010 54, soit fr. 144,010 54 chirographairement et fr. 30,000 hypothécairement. Ce chiffre de fr. 174,010 54, augmenté de fr. 2,327 60 pour diverses causes expliquées plus haut, se réduit, comme on vient de l'apprendre, en raison des fr. 7,497 66 touchés, à fr. 168,840 48.

D'autres réductions que celles de MÉNARD figurent au *Bordereau N.º* 3, dans la colonne des diminutions, dont plusieurs ont été profitables à la liquidation, attendu qu'en partie elles résultent de faillites et transactions qui ont produit au-delà de nos prévisions. Ce bordereau, calculé dans l'état de situation du 4 décembre 1839, à 5 pour 100, présentant, suivant le rapport au 23 mars 1340, une valeur de fr. 12,486 47, donne pour résultat, savoir :

Fr. 14,982 65 recettes.

1,418 26 marchandises reçues en paiement en plusieurs fois.

Total fr. 16,400 91

Il y a donc sur la somme présumée ci-dessus de fr. 12,486 47 un excédant de fr. 3,914 44, au profit de la liquidation. Cet excédant n'est pas cependant un bénéfice entièrement réalisé, car les marchandises reçues en paiement, portées au *Bordereau N.º 2 bis* pour la somme ci-dessus de fr. 1,418 26, présentent, d'après ledit bordereau, sur les parties vendues, s'élevant ensemble à fr. 1,002 04, une perte de fr. 281 34. Les deux dernières parties facturées fr. 420 82, non encore réalisées, donneront au moins 30 % de perte. Malgré ces pertes énormes on peut s'estimer fort heureux d'avoir obtenu ces marchandises d'un débiteur qui se trouve dans une position extrêmement critique, redevable de sommes considérables envers plusieurs maisons, dont pas une seule, nonobstant les poursuites et tout le zèle et l'activité des huissiers employés par elles, ne peut recevoir la somme la plus minime. Ces envois de marchandises, obtenus avec l'assistance d'un ami influent et dévoué, ont cessé, et il est probable, malgré toute sa diplomatie, qu'on ne recevra plus rien de ce débiteur ni des autres débiteurs portés sur le *Bordereau N.º 3*. Si, comme il y a à craindre, Ménard n'exécute pas les clauses et conditions de son concordat, en attendant, le *Chapitre 3 de l'Actif* ne doit être chargé que de fr. 14,982 65, *Actif réalisé et encaissé*, et de fr. 213,417 21, *Actif restant à réaliser*, qui, à 5 pour cent, donnerait encore fr. 10,670 86, mais dont on ne peut plus rien espérer si la position de Ménard ne change pas et que par le décès de M.ᵐᵉ V.ᵉ Torck, la V.ᵉ Delbarre, sa fille, ne vienne se libérer d'une partie de sa dette reconnue par elle, par acte qui se trouve en possession de la liquidation.

CHAPITRE IV DE L'ACTIF, Bordereau N.º 4.

Portefeuille au 4 décembre 1839.

Le *Bordereau N.º 4*, quant aux obligés et à la colonne du montant des effets, est une copie du bordereau N.º 4, du 4 décembre 1839, s'élevant à fr. 9,441 24, figurant dans l'état de situation dudit jour, pour la même somme de fr. 9,441 24. Il a été reconnu que le recouvrement de 11 de ces effets était plus que douteux, montant ensemble à fr. 1,934 32 ; on les a donc élagués du *Bordereau N.º 4*, pour les porter à la suite du *Bordereau N.º 5* (effets supposés douteux). Tous les autres effets du *Bordereau N.º 4*, au 4 décembre 1839, ont été encaissés, moyennant fr. 244 50, réductions accordées forcément sur 6 d'entre eux, dont 2 étaient dûs par des personnes plus ou moins insolvables, et 4 par une maison faisant le commerce de papiers, qui avait stipulé dans ses obligations que le montant serait payable en papier d'emballage ; il a donc fallu transiger avec elle pour recevoir en écus.

Il résulte que le *Chapitre 4 de l'Actif* ne doit être chargé que de fr. 7,262 42, *Actif réalisé et encaissé.*

CHAPITRE V DE L'ACTIF, Bordereau N.° 5.

Portefeuille au 4 décembre 1839. (Effets supposés douteux.)

Le *Bordereau N.° 5*, formant le *Chapitre 5 de l'Actif*, se trouve divisé en deux parties. La première partie, pour ce qui concerne les noms des obligés, et les colonnes, l'une intitulée *Principal* et l'autre *Principal et Frais*, est conforme au *Bordereau N.° 5*, du 4 décembre 1839. Sur la somme de fr. 36,799 73 que ce bordereau présente à recevoir, il n'a été touché que fr. 417. Les fr. 169 60 portés dans la colonne des réductions, restent dûs, savoir :

Fr. 145 25 par F. Cordier, de Paris.

24 35 » C. A. Ménard, de Paris, C.te N.

Ces deux sommes, dont la première n'est pas encore désespérée, se trouvent reportées au *Bordereau N.° 2 bis*, auquel elles ont profité au préjudice du *Bordereau N.° 5*. La deuxième et dernière partie du *Bordereau N.° 5*, se compose des 11 effets, ensemble fr. 1,934 32, dont fait mention le *Chapitre 4*, retirés du *Bordereau N.° 4* sur lequel ils n'auraient jamais dû figurer, ne présentant pas plus de garantie que ceux du *Bordereau N.° 5* (*effets supposés douteux*). Les fr. 24 35 dûs par Ménard, portés à un compte particulier qui lui a été ouvert pour cet objet, résultent d'une retenue faite par Bonnard, à laquelle il a fallu se soumettre pour terminer tout compte avec cet huissier, qui alors a payé le solde de fr. 347 dû par lui sur l'effet protesté, s'élevant avec frais à fr. 516 60.

La colonne des effets à recouvrer, soit celle de *Principal et Frais du Bordereau N.° 5*, s'élève maintenant, pour cause expliquée plus haut, à fr. 38,734 05, dont il faut soustraire : 1.° celui de fr. 516 60, en grande partie encaissé et porté pour son solde au *Bordereau N.° 2 bis*; 2.° celui de fr. 70, que par ministère d'huissier et petits à-comptes on est parvenu à recevoir intégralement. Les deux premiers effets du *Bordereau N.° 5*, s'élevant avec frais à fr. 3,255 73, lesquels provenant de Ménard, ont été compris dans la créance de la liquidation admise au passif dudit Ménard. Les souscripteurs de ces effets sont insolvables, tous les autres effets du *Bordereau N.° 5* présentent peu ou point de garantie. Cet actif, calculé au 4 décembre 1839 à 5 pour cent, soit fr. 1,839 99, peut donc être considéré en grande partie comme perdu ; enfin, le *Chapitre 5*, conformément au *Bordereau N.° 5*, ne doit être chargé que de fr. 417, *Actif réalisé et encaissé.*

CHAPITRE VI DE L'ACTIF.

Caisse.

D'après le livre de caisse des débiteurs, il y avait en caisse, le 4 décembre 1839, fr. 10,749 63. Cette somme, trouvée conforme, figure dans l'état de situation dudit jour. Le *Chapitre 6 de l'Actif* doit donc être chargé de fr. 10,749 63.

CHAPITRE VII DE L'ACTIF.

Actions Faudon.

Les 4 actions Faudon, de fr. 1,000 chacune, figurent dans l'état de situation du 4 décembre 1839, pour fr. 4,000. On croyait alors que la réalisation en aurait été facile et à prime, les actionnaires ayant touché en 1839 un dividende de 33 pour cent; mais il n'en a point été ainsi, cette commandite si prospère a éprouvé des revers et s'est trouvée obligée d'entrer en liquidation en 1840. Le chiffre de son *Actif* étant inférieur à celui de son *Passif*, les actionnaires ont perdu le montant de leurs actions. Les liquidateurs de la commandite se sont même permis de disposer sur la maison V.ᵉ TESTELIN-WARESQUELLE et C.ᵉ pour la faire contribuer à combler le déficit; cette disposition a été repoussée par ses commissaires; enfin, cette créance ne peut plus figurer que pour mémoire.

CHAPITRE VIII DE L'ACTIF.

Actions diverses.

Dans l'état de situation du 4 décembre 1839, figure dans la colonne de l'*Actif* une somme de fr. 16,800, estimation de 50 actions des bateaux accélérés du Nord, de fr. 500 chacune. Cette entreprise, entrée elle-même en liquidation, présente un déficit qui doit être supporté par les quatre gérants, savoir : MM. Alph. TESTELIN, DUQUESNE-BRABANT, DESSE et MÉNARD. Deux de ces gérants, MM. DUQUESNE-BRABANT et DESSE se sont fait nommer liquidateurs de la société, et ont intenté un procès à la liquidation V.ᵉ TESTELIN-WARESQUELLE et C.ᶜ, pour être payés de la part de M. Alph. TESTELIN dans ce déficit, fixée provisoirement à fr. 11,000, par jugement du tribunal civil de Lille, rendu en 1841, condamnant la liquidation V.ᵉ TESTELIN-WARESQUELLE et C.e à défaut d'acte de société entre Alph. TESTELIN, MORACHE, etc., à admettre MM. DUQUESNE-BRABANT et DESSE, créanciers personnels de M. Alph. TESTELIN, lesquels viendront , concurremment avec les créanciers V.e TESTELIN-WARESQUELLE et C.e , partager l'*Actif* de M. Alph. TESTELIN. Dans les 50 actions dont il s'agit, qui n'ont plus aucune valeur, sont comprises les 25 actions provenant de MÉNARD, dont fait mention le *Chapitre 3 de l'Actif.(Débiteurs supposés douteux)*. Ces 50 actions ne doivent plus figurer que pour mémoire.

La colonne de l'*Actif* de l'état de situation du 4 décembre 1839 porte aussi fr. 1,000, estimation de 2 actions du *Charbonnage midi des bois de Bossu, Ste.-Croix, Ste.-Claire (Belgique)*, de fr. 1,000 chacune, déposées par M. MORACHE. Sur ces 2 actions il a été reçu en 1840 une somme de fr. 148 60 pour dividendes. M. Alph. TESTELIN, reconnu aussi propriétaire de deux de ces actions, a déclaré et persisté qu'il en avait disposé avant la suspension. Il n'a pas été possible de trouver à vendre à aucun prix les deux actions déposées par M. MORACHE. Le produit de la vente du charbonnage n'a pas suffi pour payer les dettes de la société; les actions n'ont par-conséquent plus aucune valeur, et les deux dont il s'agit ne devront donc plus être portées que pour mémoire. Enfin, comme la liquidation a touché les dividendes dont mention plus haut, le *Chapitre* 8 doit être chargé de fr. 148 60, *Actif réalisé et encaissé.*

CHAPITRE IX DE L'ACTIF.

Maison à Tourcoing.

Le quart, dont M. MORACHE était propriétaire, de la maison de TOURCOING, figure à l'*Actif* de l'état de situation du 4 décembre 1839, pour fr. 7,500. Cette maison, estimée fr. 30,000, a été vendue en 1840 fr. 27,693 67, mais l'acquéreur n'ayant pu , à cause de nombreuses oppositions, se libérer de son prix d'achat qu'en 1843, il a dû bonifier à la liquidation fr. 2,739 01 d'intérêt; la somme touchée de lui s'élève donc à fr. 30,432 68 , faisant pour le quart de M. MORACHE fr. 7,608 17, somme à laquelle il y a à ajouter fr. 440 87, produit de plusieurs objets renfermés dans cette propriété, réalisés par la liquidation avant sa mise en vente, il y a donc un excédant sur cette partie de l'*Actif* de fr. 549 04, et en raison de fr. 2,000, touchés par la liquidation pour un an de loyer de cette propriété, le *Chapitre 9 de l'Actif* doit être chargé de fr. 10,049 04, *réalisés et encaissés.*

CHAPITRE X DE L'ACTIF.

Mobilier de commerce.

Ce mobilier, consistant en bureaux et accessoires, bascule, camion, cheval, deux cabriolets, etc., déduction faite de fr. 300, estimation des dépenses faites antérieurement à la suspension à l'hôtel du Commerce, à Valenciennes, où se trouvait un de ces cabriolets, qu'on ne pouvait retirer qu'en payant ce qui était dû, figure dans la colonne de l'*Actif* de l'état de situation du 4 décembre 1839, pour fr. 3,000 ; tout ce mobilier, vendu à l'amiable et publiquement, a produit, déduction faite de quelques frais, fr. 3,966 75, *Actif réalisé et encaissé*, et dont par conséquent le *Chapitre* 10 doit être chargé.

CHAPITRE XI DE L'ACTIF, Bordereau N.º 6.

Abandon de Mme Ve Testelin.

Le Bordereau N.º 6, formant le Chapitre 11 de l'*Actif*, se compose de la part que possédait Madame veuve Testelin dans les propriétés qui s'y trouvent désignées. Cette part, abandonnée alors conditionnellement aux créanciers de la maison Ve Testelin-Waresquelle et Ce, figure à l'état de situation du 4 décembre 1839 pour fr. 185,500, somme conforme à celle qui se trouve dans la première colonne du *Bordereau N.º 6*. La condition émise par Madame veuve Testelin, en faisant l'abandon de tout ce qu'elle possédait, ayant pu être respectée, toutes les propriétés dont il s'agit ont été vendues publiquement, les unes au-dessus de leur estimation, les autres en-dessous, ainsi que l'indique ledit *Bordereau N.º 6*; enfin, la part de Madame veuve Testelin, estimée à fr. 185,500, a produit, compris les intérêts dont les acquéreurs ont tenu compte, en acquittant leur prix d'achat, retardé par des oppositions bien ou mal fondées mises entre leurs mains, la somme de fr. 193,588 78. La liquidation a donc bonifié sur cet Actif éventuel fr. 8,088 78, il résulte que le *Chapitre* 11 doit être chargé de fr. 193,588 78, *somme réalisée et encaissée*.

CHAPITRE XII DE L'ACTIF.

Maison à Clamecy.

La maison de Clamecy, appartenant à M. Morache, acquise par lui postérieurement à son mariage avec Mlle. Testelin, sur laquelle celle-ci n'a par conséquent aucun privilége à exercer, figure dans l'état de situation du 4 décembre 1839 pour fr. 4,800. Les titres de cette propriété, ainsi que la procuration de M. Morache pour en opérer la vente avaient été remis par les commissaires liquidateurs à un avoué de Clamecy, qui s'était déjà entendu avec un notaire pour procéder à cette vente ; mais M. Morache ayant fait des propositions pour conserver cette propriété, la mise en vente par affiches, à Clamecy, avait été arrêtée provisoirement ; enfin, en

1842, lorsque la transaction a eu lieu avec Madame Morache, au lieu de fr. 21,000 qu'elle aurait eu à toucher de la liquidation V.ᵉ Testelin-Waresquelle et C.ᵉ, pour terminer tout compte avec elle, il n'a été stipulé dans l'acte du 10 septembre même année que fr. 16,000, la liquidation renonçant à tous ses droits et actions sur la maison dont il s'agit, de sorte qu'on a assigné à cette propriété une valeur de fr. 5,000, et réglé la créance de Madame Morache sur fr. 21,000; une somme de fr. 30 ayant été payée à l'avoué de Clamecy pour honoraires et frais, il résulte un excédant en bénéfice sur l'estimation de la maison de Clamecy, de fr. 170. Le *Chapitre* 12 doit donc être chargé de fr. 4,970, *Actif réalisé et encaissé.*

Nota. Le *Chapitre* 12 termine la série des articles dont se compose l'*Actif* de l'état de situation du 4 décembre 1839. *Les Chapitres* qui vont suivre, formant un nouvel *Actif* résultent : 1.º d'une fraction de l'*Actif primitif* constaté le 4 décembre 1839, qui par conséquent s'est trouvé diminué, mais cette diminution signalée au *Chapitre* 3 n'ayant eu lieu que sur la somme due par Ménard, estimée le 4 décembre 1839 à 5 pour cent, de qui on n'a encore rien reçu, elle a été profitable à la liquidation, attendu qu'une des valeurs reçues de Ménard, comprise dans la diminution dont il s'agit, a pu être réalisée par elle, comme on l'apprendra au *Chapitre* 15 *de l'Actif*; d'ailleurs, si la créance sur Ménard a subi des diminutions, lesquelles, comme on voit, n'ont pas été toutes préjudiciables à la liquidation, il y a eu par contre sur cette créance, augmentation; enfin, après compte arrrêté avec Ménard et son syndic, comme l'apprend le *Chapitre* 3, le chiffre de cette créance excède encore celui posé le 4 décembre 1839; 2.º de marchandises reçues en consignation par la maison V.ᵉ Testelin-Waresquelle et C.ᵉ, vendues par la liquidation, et de diverses recettes.

CHAPITRE XIII DE L'ACTIF.

Créances provenant de Ménard.

M. C.-A. Ménard, de Paris, représentant et débiteur d'une somme considérable de la maison V.ᵉ Testelin-Waresquelle et C.ᵉ, en apprenant la position embarrassante qui devait amener sa suspension, laquelle en effet est arrivée quelques jours après, avait fait cession à cette maison, à valoir sur sa dette envers elle, de tout ou d'une grande partie de l'Actif qu'il possédait, d'une valeur excessivement minime, dont le détail se trouve au *Chapitre* 3. Cette cession, comprenait des mauvaises créances, s'élevant ensemble à fr. 50,931 36, estimées à 10 pour cent, faisant fr. 5,093 10, Ménard déclaré en état de faillite en juin 1840, son juge-commissaire n'a pas voulu admettre cette partie de la cession, de sorte qu'il a fallu faire disparaître cet article de son compte pour pouvoir être admis à son Passif, ce qui a eu lieu pour fr. 149,103 54, chirographairement, et fr. 30,000, hypothécairement.

La cession de Ménard ayant été faite de bonne foi, ce débiteur, lorsqu'il avait obtenu concordat et qu'il était libre d'agir, a consenti à rétablir son compte en y comprenant l'article de fr. 5,093 10, de sorte que, et comme l'explique le *Chapitre* 3, Ménard n'est resté débiteur que de fr. 144,010 54 *chirographairement* et fr. 30,000 *hypothécairement.* Le *Chapitre* 3 apprend ce qu'on a touché sur cette dernière somme.

Quelques titres de ces mauvaises créances cédées par MÉNARD, se trouvent en possession de la liquidation, mais beaucoup sont restés entre les mains de l'huissier BONNARD, qui dans le temps a été chargé par MÉNARD de faire des poursuites. Pour prendre livraison de ces titres ou faire continuer les poursuites commencées par cet huissier, il aurait fallu rembourser les frais déjà faits, s'élevant à plus'de mille francs, et dans l'incertitude de recouvrer cette somme, la liquidation a préféré de laisser les choses dans le statu-quo. Enfin MÉNARD avait promis de chercher quelqu'un qui reprendrait ces créances au prix cédé, et qui payerait à la liquidation la somme de fr. 5,093 10. Cette promesse, comme toutes celles dont il a l'habitude de bercer tout le monde, est restée sans exécution, et les choses sont restées dans le même état.

CHAPITRE XIV DE L'ACTIF.

Actions des Bateaux accélérés du Nord et autres.

Les 25 actions des Bateaux accélérés du Nord, de fr. 500 chacune, cédées par MÉNARD, étant comprises dans les 50 dont fait mention le *Chapitre* 8, cet article ne figure ici que pour suivre l'ordre du *Chapitre* 3 et pour mémoire. Les fr. 1,800 reçus pour compte de MÉNARD, dont il est parlé audit chapitre 3, se trouvent portés en recettes au *Bordereau N.º* 3, il ne doit donc plus en être question ici.

On a omis de dire, au *Chapitre* 8, que les 50 actions Bateaux accélérés du Nord, réintégrées à la souche, dont d'après les statuts de la Société elles n'auraient pas dû être détachées, sont des actions de cautionnement non transmissibles. 6 actions transmissibles, portant N.ᵒˢ 138 à 143, que M. Alphonse TESTELIN, se trouvant à Paris avec un des commissaires-liquidateurs, était parvenu à arracher d'un dépôt sur lequel il avait mis opposition, ont été remises par lui à la liquidation en 1840. Deux actions de Charenton-Lepont, de fr. 250 chacune, et une action des anciennes Messageries du commerce, de fr. 1,000, ne figurant ni l'une ni l'autre dans l'état de situation du 4 décembre 1839, ont été trouvées par la liquidation parmi les titres dont fait mention ledit état.

Ces actions, n'ayant pas plus de valeur que celles des Bateaux accélérés du Nord, ne doivent, comme ces dernières, être portées ici que pour mémoire.

CHAPITRE XV DE L'ACTIF.

Actions la Seine.

Le *Chapitre* 3 *de l'Actif* fait mention des 3 actions de la compagnie d'assurances *la Seine*, de fr. 1,000 chacune, lesquelles, signées en blanc par MÉNARD et cédées à la maison V.ᵉ TESTELIN-

Waresquelle et C.e, en avisant l'administration de ladite compagnie de cette cession dont elle a pris note, étaient devenues la propriété de la liquidation. Sur ces 3 actions, formant une somme nominale de fr. 3,000, il n'avait été versé que fr. 1,500, soit fr. 500 par action. Comme il avait été décidé en assemblée générale que les autres fr. 500 ne seraient pas demandés, quelques actionnaires ayant pris l'engagement de faire, au besoin, des avances à la société, jusqu'à concurrence de fr. 100,000, la liquidation, par mesure de prudence et pour la régularité, avait demandé à opérer en son nom le transfert de ces 3 actions ; mais, pour remplir cette formalité, on exigeait que la liquidation V.e Testelin-Waresquelle et C.e se mît aux lieu et place de Ménard, qui comme tous les autres actionnaires, avait souscrit des obligations pour les fr. 500 restant dûs sur chaque action, car, quoique déchargée de cet engagement entre eux actionnaires, l'administration, comme garantie envers les assurés, qui en cas de désastre et leurs intérêts compromis n'étaient pas obligés de reconnaître la convention dont il s'agit, non autorisée par les statuts de la société, a conservé les obligations souscrites par les actionnaires. Dans cet état de choses, la liquidation ne voulant prendre aucun engagement ni se mettre en lieu et place de Ménard, a renoncé au transfert demandé, et redoublé ses efforts pour vendre les 3 actions sans aucune garantie de sa part. La société, qui n'avait pas été heureuse dans ses débuts, et chargée de frais d'établissement et autres, s'est trouvée obérée ; cependant elle avait repris bientôt une voie prospère, de sorte que d'année en année elle diminuait son déficit, qui, en 1843, se trouvait presque comblé. C'est vers la fin de cette année, que les commissaires-liquidateurs de V.e Testelin-Waresquelle et C.e, sont parvenus à vendre sans aucune garantie ces 3 actions pour la somme de fr. 1,000 ; ces actions ont été remises à l'acheteur dans le même état que la liquidation les avait reçues, c'est-à-dire, signées en blanc par Ménard : l'acquéreur s'est chargé de faire le nécessaire auprès de l'administration pour se faire reconnaître propriétaire et régulariser la cession fait à son profit. Le *Chapitre* 15 *de l'Actif* doit donc être chargé de ces fr. 1,000, *Somme réalisée et encaissée.*

CHAPITRE XVI DE L'ACTIF, Bordereau N.º 7.

Marchandises en consignation vendues par la Liquidation.

Le *Bordereau N.º 7*, composant le *Chapitre 16 de l'Actif*, est le relevé de quelques marchandises vendues par la liquidation, de celles qui se trouvaient dans les magasins de la maison V.e Testelin-Waresquelle et C.e, reçues en consignation et entamées par elle, dont les commissaires-liquidateurs ont remis comptes de vente aux expéditeurs, en les priant de retirer celles dont on n'avait pas trouvé le placement. Le produit des comptes de vente a été porté en déduction du *Bordereau N.º 2*, à ceux qui y figuraient comme débiteurs.

Le *Bordereau N.*º 7 donne pour résultat, savoir :

    Fr. 306 78 Ventes.

        9 88 Réductions et escomptes.

    296 90 Recettes.

C'est de cette dernière somme, soit fr. 296 90, que le *Chapitre* 16 doit être chargé, *Actif réalisé et encaissé.*

CHAPITRE XVII DE L'ACTIF, Bordereau N.º 8.

Recettes diverses.

Le *Chapitre* 17, qui est le dernier de *l'Actif*, se compose de plusieurs sommes reçues formant ןe *Bordereau N.*º 8. Ces sommes, imprévues à l'époque de l'état de situation du 4 décembre 1839, consistent 1.º en marchandises livrées antérieurement à la suspension, non inscrites sur les livres ; 2.º en remboursement de frais payés par la maison V.ᵉ Testelin-Waresquelle et C.ᵉ, sur des marchandises en route revendiquées par l'expéditeur ; 3.º en marchandises laissées pour compte, dont le produit, porté au crédit des acheteurs, ne figure pas à *l'Actif* le 4 décembre 1839. La découverte en a été faite par la correspondance et renseignements obtenus ; la réalisation, opérée par la liquidation ; 4.º en intérêts perçus pour retard de paiement d'effets et factures non acquittés à leurs échéances ; 5.º en vente de bois provenant d'un manége en magasin chez M. Delgutte ; 6.º en dividendes touchés d'une faillite, à Paris, où les titres de créance se trouvaient entre les mains du syndic, qui n'avait pas compris dans sa première répartition cette créance, qui, pour cause de non affirmation, n'avait pas été admise au passif de la faillite et était par conséquent frappée de déchéance que les commissaires-liquidateurs sont parvenus à faire lever par le tribunal, et à toucher, contre leur attente, tous les dividendes qui ont été distribués antérieurement et postérieurement à leur demande ; 7.º en fermages des occupeurs et intérêts touchés des acquéreurs des propriétés de Ménard en Normandie, que ceux-ci n'ont payées qu'après radiation de toutes les inscriptions grevant ces propriétés, vendues par le notaire Ansoult, de Brionne, au profit de la liquidation V.ᵉ Testelin-Waresquelle et C.ᵉ, en déduction de sa créance hypothécaire à charge de Ménard. Les intérêts reçus pour même cause des acquéreurs des propriétés de M.ᵐᵉ V.ᵉ Testelin, figurent au *Bordereau N.*º 6, auquel ils appartiennent. Le *Chapitre* 17, conformément au *Bordereau N.*º 8, doit être chargé de fr. 2,433 74, *Actif réalisé et encaissé.*

RÉCAPITULATION DE L'ACTIF DIVISÉ EN DEUX SÉRIES.

	ACTIF RÉALISÉ ET ENCAISSÉ.		ACTIF RESTANT A RÉALISER.	
Chapitre 1.er Marchandises.	106001	81	»'	»
2. Débiteurs supposés solvables au 4 décembre 1839.	150416	17	7362	63
3. Débiteurs supposés douteux au 4 décembre 1839.	14982	65	213417	21
4. Portefeuille	7262	42	»	»
5. Portefeuille. (Effets plus que douteux.).	417	»	38147	45
6. Caisse.	10749	63	»	»
7. Actions Faudon, pour *mémoire*.	»	»	Mémoire.	
8. Actions diverses	148	60	Mémoire.	
9. Maison à Tourcoing.	10049	04	»	»
10. Mobilier de commerce.	3966	75	»	»
11. Abandon de M.me V.e Testelin	193588	78	»	»
12. Maison à Clamecy.	4970	»	»	»
13. Créances provenant de Ménard	»	»	Mémoire.	
14. Actions des Bateaux accélérés du Nord et autres.	»	»	Mémoire.	
15. Actions *la Seine*	1000	»	»	»
16. March.ses en consignation vendues par la liquid.on	296	90	»	»
17. Recettes diverses.	2433	74	»	»
Total. . . . . Fr.	506283	49	»	»
A déduire le montant des *Bordereaux* N.os 11 et 12, *Paiements divers* et *Frais de liquidation*.	33518	59	»	»
Reste. . . . . Fr.	472764	90	»	»

Pour faire connaître la somme que la liquidation a eue à sa disposition, destinée à être distribuée aux créanciers, on a soustrait plus haut de la colonne *Actif réalisé et encaissé*, le montant des *Bordereaux* N.os 11 et 12, l'un intitulé *Paiements divers*, l'autre *Frais de liquidation*, s'élevant ensemble à fr. 33,518 59, et il est resté fr. 472,764 90 à répartir.

Malgré le chiffre élevé des réductions, escomptes et créances non recouvrées des *Bordereaux* N.os 1, 2 et 3, enfin la perte totale des actions Faudon, des actions Bateaux accélérés du Nord et autres, *l'Actif*, estimé le 4 décembre 1839 fr. 537,800 14, a produit fr. 506,283 49; la différence de fr. 31,516 65 qui existe entre ces deux sommes ne tourne pas entièrement au préjudice de la liquidation, car fr. 20,000 au moins ont profité au *Passif*, ainsi que l'expliquent les *Chapitres* 1, 2 et 3 *de l'Actif*.

CHAPITRE 1.er DU PASSIF, Bordereau N.º 9.

Créanciers connus au 4 décembre 1839.

La colonne des sommes dues du *Bordereau N.º 9*, formant le *Chapitre 1.er du Passif*, s'élève à fr. 1,100,777 28 , et présente, rectification faite d'un franc, erreur d'addition signalée dans le rapport lu à l'assemblée du 23 mars 1840 ; le montant des *Bordereaux N.ºs 4, 5 et 6* du 4 décembre 1839, fondus maintenant en un seul bordereau, lequel comprend l'estimation d'alors de la créance des enfants TESTELIN , ainsi que celle de M. CATHEUX , de Paris, portée à cette époque seulement pour fr. 238 32 par compte courant , attendu qu'on estimait à fr. 280,000 les sucres et indigos qui se trouvaient en sa possession , qui le garantissaient de pareille somme dont il était aussi créancier, indépendamment des fr. 238 32 ci-dessus et des 9,000 fr. par titre. La colonne augmentation du *Bordereau N.º 9* , montant à fr. 75,974 36 , se compose de sommes dues à l'époque de la suspension pour intérêt , ports de lettres , commissions de banque , frais de protets et autres frais , transpositions , omissions , effets provenant de MÉNARD, négociés par la maison Ve TESTELIN-WARESQUELLE et Ce et restés en souffrance ; garantie de fr. 10,000 donnée par cette maison à celle de Alexis WILLERSHEIM et C.º, de Paris, pour effets pris par celle-ci de MÉNARD , et finalement , de la somme convenue par transaction avec les enfants TESTELIN de leur payer en plus que celle portée par estimation le 4 décembre 1839, etc., etc.

Dans la colonne diminution du *Bordereau N.º 9* , dont le total est de fr. 335,246 26 , sont portées les sommes qui étaient dues par comptes courants par des créanciers porteurs d'acceptations, obligations ou autres titres pris par eux à la maison Ve TESTELIN-WARESQUELLE et Ce et restés en souffrance ; celles résultant de revendications , de comptes de vente reçus des marchandises consignées , d'intérêts , d'effets protestés produits à la première répartition et non reproduits aux répartitions suivantes, les porteurs étant parvenus à se faire payer par les véritables obligés et ayant rapporté à la liquidation le premier dividende touché d'elle ; enfin, les sommes provenant de transpositions, transactions, rectifications, etc., etc.

La colonne *Remises obtenues* du *Bordereau N.º 9* , dont le total est de fr. 7,835 89 , indique les sommes abandonnées à la liquidation par des créanciers avec qui elle a transigé , de sorte qu'avec fr. 9,663 76 on a éteint 17,499 65 de dettes. Sans ces transactions forcées pour cause de jugement et démonstrations hostiles contre la maison Ve TESTELIN-WARESQUELLE et Ce, il y aurait eu infailliblement déclaration de faillite ; elles ont donc eu lieu dans l'intérêt de la masse, à qui elles n'ont porté qu'un faible préjudice qui ne peut être comparé à celui qui serait résulté pour elle d'une déclaration de faillite.

La colonne *Paiements par privilége ou transaction* du *Bordereau N.º 9* s'élève à fr. 111,173 82, de sorte qu'il résulte , les deux premières colonnes réunies de ce bordereau présentant un total de fr. 1,176,751 64 , et soustraction faite de cette somme de fr. 454,255 97, montant des trois dernières colonnes, que sur le *Bordereau N.º 9*, il n'est resté que fr. 722,495 67 à liquider et à concourir aux répartitions. Les quatre dividendes distribués, ensemble quarante-six pour cent sur ces fr. 722,495 67, montent à fr. 332,348 01, somme à laquelle il y a à ajouter celle de fr. 598 54, touchée en plus que leurs dividendes par MM. Roux et C.ᵉ, qui ne pouvaient et ne voulaient donner leur signature qu'à la condition de recevoir 25 pour 100 par anticipation, lors de la première répartition; cette condition a été acceptée, d'accord avec deux des plus forts créanciers, pour éviter une catastrophe. C'est donc de ces deux sommes, ensemble fr. 332,946 55, que le *Chapitre 1.ᵉʳ du Passif* doit être chargé en dépense, comme paiements effectués sur celle de fr. 722,495 67 et de fr. 111,173 82 pour créances soldées par privilége ou transaction.

Nota. Un autre *Passif* existe, dont se compose le *Bordereau N.º 10*, formant le chapitre suivant.

CHAPITRE II DU PASSIF, Bordereau N.º 10.

Créanciers inconnus au 4 décembre 1839.

Le *Bordereau N.º 10*, formant le *Chapitre 2 du Passif*, se compose de créanciers inconnus au 4 décembre 1839, il s'agit donc d'une augmentation au *Passif*; cette augmentation, prévue alors, a dépassé cependant de beaucoup le chiffre éventuel qu'on aurait pu lui assigner; elle résulte principalement d'effets provenant de Ménard, négociés par la maison V.ᵉ Testelin-Waresquelle et C.ᵉ, et restés en souffrance. Au nombre de ces nouveaux créanciers, figurent : 1.º M. V.ᵒʳ Delgutte, agent du service des Bateaux accélérés du Nord, qui a intenté un procès à la liquidation pour un dédit de fr. 5,000, que, par lettre signée V.ᵉ Testelin-Waresquelle et C.ᵉ, un des associés de cette maison, au nom de la Société des Bateaux, dont alors il était un des gérants, s'était engagé de payer en cas de rupture de ladite Société, laquelle est arrivée immédiatement après la suspension de la maison V.ᵉ Testelin-Waresquelle et C.ᵉ Le jugement rendu par le tribunal de commerce de Lille, condamnant la liquidation à payer ce dédit, a été confirmé par la Cour royale de Douai. 2.º M. Dordigny aîné, de Noyon, porté débiteur, au 4 décembre 1839, de fr. 2,485 30, somme à laquelle il a été ajouté fr. 104 10 pour intérêt, est devenu créancier parce que la maison V.ᵉ Testelin-Waresquelle et C.ᵉ avait négligé de lui remettre compte de vente à 104 barriques couperose, dont le produit net, d'après celui établi et envoyé par la liquidation, est de fr. 3,310 25. 3.º M. Huc fils, de Castres, porté comme débiteur, au 4 décembre 1839, de fr. 300, parce que MM. V.ᵉ Testelin-Waresquelle et C.ᵉ avaient négligé de le créditer d'un compte de vente à lui remis, et de rectifier une erreur commise à son préjudice, s'élevant ensemble à fr. 373 47.

La colonne des *Sommes dues* du *Bordereau N.º 10* monte à fr. 54,280 86; celle *Augmentation*, à fr. 80 36, dont il est fait mention au *Chapitre 2 de l'Actif*; celle *Diminution*, se composant : 1.º de sommes portées en déduction des *Bordereaux N.ᵒˢ 2 et 3*, dont, par conséquent, le *Bordereau N.º 10* profite, au préjudice de ceux N.ᵒˢ 2 et 3; 2.º d'un effet produit à la première répartition et non reproduit aux autres répartitions, ayant été payé par son véritable obligé, s'élève à fr. 5,362 13. Les fr. 54,280 86 qui sont venus grossir le *Passif* du 4 décembre 1839 se réduisent finalement à fr. 48,999 09, chiffre qui est venu se joindre aux autres mécomptes signalés, pour aggraver encore la position du 4 décembre 1839.

Deux de ces nouveaux créanciers, l'un par force, en faisant des frais; l'autre par adresse, sont parvenus à toucher l'intégralité de leurs créances, montant ensemble à fr. 741 54; de sorte que les sommes du *Bordereau N.*° 10 qui sont venues prendre part aux répartitions se réduisent à fr. 48,257 55, faisant pour les 4 dividendes, soit 46 pour cent, une somme de fr. 22,198 47, dont le *Chapitre 2 du Passif* doit être chargé en dépense, comme paiement effectué sur celle de fr. 48,257 55 et de fr. 741 54 pour *Créances soldées.*

RÉCAPITULATION DU PASSIF DIVISÉ EN CINQ SÉRIES.

	MONTANT NET des créances.		CRÉANCES liquidées.		SOMMES payées par privilége, transaction, etc.		CRÉANCES concourant aux répartitions.		MONTANT des 46 % distribués.	
Chapitre I.er...	841505	38	119009	71	111173	82	722495	67	332348	01
Chapitre II....	48999	09	741	54	741	54	48257	55	22198	47
	890504	47	119751	25	111915	36	770753	22	354546	48

RÉSUMÉ.

Le *Passif*, en y comprenant la créance privilégiée des enfants Testelin, estimée alors fr. 75,000, portée par eux à une somme plus que double, laquelle a été liquidée avec fr. 100,000, figuré dans l'*Etat de situation* du 4 décembre 1839 pour fr. 818,188 67; ce *Passif*, comme il est démontré plus haut, s'est trouvé augmenté de fr. 72,315 80, malgré le secours du *Bordereau N.*° 2 (*Débiteurs supposés solvables au 4 décembre* 1839), à qui il a enlevé plusieurs sommes dont quelques-unes assez importantes pour les porter en déduction de leurs créances à ceux figurant comme débiteurs devenus créanciers. Le chiffre du *Passif*, ainsi que l'indique la première des cinq séries ci-dessus, s'est donc élevé, après comptes apurés, à fr. 890,504 47. L'augmentation de fr. 72,315 80 a plusieurs causes signalées plus d'une fois dans ce travail; elle résulte principalement de la créance privilégiée des enfants Testelin, majorée de fr. 25,000, ainsi que des effets de Ménard restés en souffrance.

Déduction faite des *Bordereaux N.*°s 11 et 12, l'*Actif réalisé et encaissé* s'est trouvé réduit à fr. 472,764 90; les paiements faits aux créanciers privilégiés et chirographaires s'élèvent, suivant

— 24 —

récapitulation du *Passif*, colonnes 3 et 5, à fr. 466,461 84, somme à laquelle il y a à ajouter les
fr. 598 54 dont fait mention le *Chapitre* 1.er *du Passif*, faisant par conséquent un total de
fr. 467,060 38, à diminuer des fr. 472,764 90 et il reste disponible au 31 mars 1845 fr. 5,704 52;
mais on aura à prélever sur ce reliquat : 1.º les frais et honoraires dûs à M. LEMOINE, Avoué,
et à M. DELEDICQUE, Notaire, dont ces Messieurs, à cause de plusieurs circonstances, n'ont pas
encore pu déterminer le chiffre; 2.º les frais du voyage de M. Alphonse TESTELIN, appelé à Lille
par la liquidation; 3.º le coût d'impression du présent compte-rendu.

En ajoutant aux nombreux déficits signalés sur l'*Actif* les prélèvements opérés sur lui, et
déduisant de ce montant les excédants dont il a profité, posant ensuite le véritable chiffre du
Passif, en lui faisant subir les modifications indiquées pour priviléges, transactions, etc., on
trouve que l'*Etat de situation* du 4 décembre 1839, présentant aux créanciers 62 27/100 pour
190, a éprouvé, pour ceux qui sont venus concourir aux répartitions, une réduction de 16 pour
100 environ; ce qui est parfaitement d'accord avec les dividendes distribués et les fonds restant
disponibles, qui seront répartis avec ceux que l'on pourrait encore recouvrer, après prélèvement
des frais, honoraires, etc., dont mention plus haut, aussitôt que le montant exact de ceux-ci sera
connu.

Les Commissaires-Liquidateurs,

César WACRENIER, H. DUBOIS fils.

Lille, le 31 mars 1845.

CHAPITRE 1.er DE L'ACTIF.

MARCHANDISES.

NOTA. D'autres ventes que celles indiquées dans le présent Bordereau ont été faites, mais comme elles résultent de marchandises que la maison V.ve Testelin Waresquelle et C.e avait reçues en consignation, elles figurent au compte intitulé *Liquidation*. Ces ventes font l'objet du *Bordereau N.° 6*.

NOMS DES ACHETEURS.	MONTANT DES VENTES.		RÉDUCTION.	ESCOMPTE.	MONTANT DES RECETTES.	
BAUDRY (H.).. . . . . Lille.	357	55				
	40	30				
	5	25	3 50	16 45	531	40
	119	75				
	28	50				
BARROIS Frères.. . . . . Lille.	4	50				
	4	»	» »	» 12	23	38
	15	»				
BOUCHÉ Frères. . . . . Lille.	196	50	» »	» »	251	21
	54	71				
Total *à reporter*.	826	06	3 50	16 57	805	99

NOMS DES ACHETEURS.	MONTANT DES VENTES.		RÉDUCTION.		ESCOMPTE.		MONTANT DES RECETTES.	
Report d'autre part.	826	06	3	50	16	57	805	99
	13082	71						
	595	72						
	572	66						
	611	60						
	37	60						
	2068	»						
	15	90						
BAILLEUX-BONNIER.. . . . . Lille.	73	»	2	98	519	09	17803	07
	»	50						
	60	12						
	57	35						
	384	85						
	763	95						
	1	18						
	167	50						
BERNARD–OBRY . . . . Lille.	12	30	»	»	»	»	190	»
	10	20						
BORDIN et PORTEFIN.. . . . . . . Paris.	166	80	»	»	3	35	163	45
BLONDEAU-BILLET. . . . . Lille.	3	60	»	»	»	»	3	60
BAUDIN.. . . . . Dunkerque. . . .	333	45	»	»	10	»	323	45
BRABANT-HUREZ et Fils. . . . . . Cambrai.	76	35	»	»	»	»	76	35
BULTÉ. . . . . Lille.	13	70	»	»	»	»	13	70
	126	10						
	30	»						
	29	85						
	14	25						
COUTEAUX (J.). . . . . Lille.	2	15	»	»	4	65	230	95
	15	25						
	12	»						
	4	»						
	2	»						
TOTAL *à reporter.*	20170	70	6	48	553	66	19610	56

NOMS DES ACHETEURS.	MONTANT DES VENTES.		RÉDUCTION.		ESCOMPTE.		MONTANT DES RECETTES.	
Report d'autre part.	20170	70	6	48	553	66	19610	56
CHARVET (André) et FEVEZ. . . . . Lille.	24	»	»	»	»	88	23	12
CATEAUX-WATTEL et C.e. . . . . . Anvers..	7087	81	En déduction de leur créance.					
CATHEUX (J.). . . . . Paris.	288930	55	Idem.					
DECOSTER-AGACHE. . . . . Lille.	4733	95	8	27	328	24	10606	11
	3249	24						
	810	90						
	1018	62						
	206	85						
	277	61						
	2	65						
	627	50						
	15	30						
DERON (X.). . . . . Lille.	550	»	»	»	52	06	1698	50
	660	80						
	41	60						
	319	80						
	178	36						
DUVIVIER (E.). . . . . Lille.	102	»	»	»	»	»	364	40
	228	40						
	34	»						
DESCAT-LELEUX. . . . . Lille.	356	10	»	»	»	»	1176	30
	820	20						
DEPACHTER. . . . . Lille.	684	35	»	»	23	50	758	85
	98	»						
DUFLOT-CARDOT. . . . . Vervins..	52	25	»	»	»	»	52	55
	»	30						
DURR-LOHIER. . . . . Lille.	258	70	»	»	7	25	260	45
	9	»						
DUCOULOMBIER-DANNIAUX. . . . . Tourcoing. . . .	490	»	»	»	»	»	490	»
DECOTTIGNIES (V.ve). . . . . . . Lannoy..	44	05	»	»	»	90	43	15
DESMONS (L.). . . . . Lille.	»	90	»	»	»	»	»	90
TOTAL *à reporter.*	332084	49	14	75	966	49	35084	89

NOMS DES ACHETEURS.	MONTANT DES VENTES.		RÉDUCTION.		ESCOMPTE.		MONTANT DES RECETTES.	
Report d'autre part.	332084	49	14	75	966	49	35084	89
DUVILLIERS Fils. . . . . Roubaix.	250	45	»	»	6	75	243	70
DUFERMONT et CORNILLE. . . . . . Idem.	48	»	»	»	»	»	48	»
DUVERDYN Frères. . . . . Lille.	1417	10	»	10	»	»	1417	»
DESCHILDRE (A.). . . . . Nieppe.	16	20	4	»	»	»	12	20
DUBIEZ.. . . . . Lyon.	1222	50	»	»	36	70	1185	80
DESCAT-CROUSET. . . . . Roubaix..	372	12	»	»	»	»	372	12
FONTENELLE-DELCOUR.. . . . . . . Tourcoing.. . . .	16 / 58	» / 60	»	»	»	»	74	60
FRÉTEUR-DELATTRE et C.e . . . . Lille..	9	60	»	»	»	»	9	60
FLAMEN (Aug.te). . . . . Lille.	174	90	»	»	5	25	169	65
GRARD-COUSIN (B.). . . . . Lille.	2 / 1514	07 / 45	rendu p.r F. 58.		43	75	1414	77
GARNIER-PARISIS.. . . . . Saint-Quentin.. .	88	80	»	»	»	»	88	80
HUMBERT-DRINO. . . . . Lille.	11082 / 56 / 106 / 2878	95 / 25 / » / 75	»	»	44	28	14079	67
HENNETON. . . . . Lille.	11 / 408 / 647 / 17	» / 30 / 15 / 52	»	»	»	»	1083	97
HAMBIS.. . . . . Lille.	195 / 7	38 / 80	»	»	»	30	202	88
INCONNUS.	1352 / 15 / 7 / 14 / 14 / 1 / 1 / 1	75 / 30 / 24 / 45 / 85 / 50 / 50 / 25	»	»	»	»	1408	84
Total à reporter.	354095	22	18	85	1103	52	56896	49

NOMS DES ACHETEURS.	MONTANT DES VENTES.		RÉDUCTION.		ESCOMPTE.		MONTANT DES RECETTES.	
Report d'autre part.	354095	22	18	85	1103	52	56896	49
JOLY (Samuel) et Fils. . . . . Saint-Quentin.. .	2563	60	»	»	77	»	2486	60
JONGLEZ – MOREL. . . . . Tourcoing. . . .	3105	75	56	37	»	»	3049	38
	432	12						
	710	46						
	6142	02						
	1438	78						
	1424	05						
	163	50						
	597	10						
	1055	30						
	352	90						
	676	20						
	137	55						
	28	»						
	59	70						
LABBÉ (H.) et Fils. . . . . Lille.	27	67	118	27	321	50	13618	48
	307	65						
	120	»						
	63	25						
	101	90						
	4	»						
	2	50						
	14	»						
	42	»						
	7	65						
	103	35						
	»	60						
	43	»						
	3	»						
LECOMTE. . . . . Roncq.	14	10	»	»	»	»	14	10
Total à reporter.	373836	92	193	49	1502	02	76065	05

NOMS DES ACHETEURS.		MONTANT DES VENTES.		RÉDUCTION.		ESCOMPTE.		MONTANT DES RECETTES.	
Report d'autre part.		373836	92	193	49	1502	02	76065	05
LUTIN Fils.	Lille.	50	55	»	»	»	»	100	50
		49	95						
LEROUX.	Idem.	58	20	»	»	1	75	56	45
LEMAN (L.s).	Tourcoing. . . .	3249	25	»	»	»	»	3249	25
LEZAIRE.	Cysoing..	5	05	»	»	»	»	5	05
LEFEBVRE-BRIXY.	Lille.	21	85	»	»	»	»	21	85
MONFRAY Frères.	Lille.	642	52	6	05	19	58	626	84
		»	20						
		9	75						
MARCHAND-GHESQUIÈRE.	Lille.	101	15	130	11	2	»	1354	74
		1385	70						
MORAND (V.ve).	Tournai..	56	10	»	»	»	»	455	10
		399	»						
MANCHE (V.ve).	Lille.	22	90	»	»	1	»	21	90
MASUREL Fils.	Tourcoing.. . . .	34	25	»	»	»	»	34	25
MATHON (E.).	Lille.	27	»	7	»	»	»	20	»
NOEL-DIEU..	Douai.	35	»	»	»	»	»	35	»
POLLET–BRAME.	Lille.	12	60	»	»	1	30	41	90
		30	60						
PENET Frères.		787	57	»	»	27	02	811	55
		51	»						
PRONIER-LARDINOIS.		10	50	»	»	»	»	10	50
PIHEN dit GALANT.	Brunembert.. . .	71	50	»	»	»	»	71	50
POHLS et LOMER.	Bordeaux.. . . .	2315	95	»	»	Marchandises revendiquées.			
ROUSSEL Frères et REQUILLARD. . .	Tourcoing. . . .	410	»	Restant devoir F. 10 »				848	»
		28	»						
		420	»						
ROLLEY Frères.		36	05	»	»	1	05	50	»
		15	»						
RAVERDY.	Écourt.	44	15	»	»	1	35	42	80
TOTAL *à reporter.*		384218	26	336	65	1557	07	83922	23

NOMS DES ACHETEURS.	MONTANT DES VENTES.		RÉDUCTION.		ESCOMPTE.		MONTANT DES RECETTES.	
Report d'autre part.	384218	26	336	65	1557	07	83922	23
REYNARD. . . . . Armentières. . .	1445	50	7	50	43	50	1394	50
ROUSSEL DE LIVRY. . . . . . . Tourcoing. . . .	75	»	»	»	»	»	75	»
SOUDAN. . . . . Lille.	99	20	»	»	»	»	99	20
TILLOY Frères. . . . . Idem.	12	15	»	»	»	35	11	80
TÉTU. . . . . Tourcoing.. . . .	14	»	Marchandises rendues.					
VILLETTE et DEHARVENET. . . . . Lille.	6245	10	7	76	29	58	16928	22
	856	51						
	90	»						
	178	50						
	187	30						
	8418	70						
	530	95						
	302	25						
	41	10						
	31	50						
	81	»						
	2	65						
VERMERSCH . . . . Lille.	2720	68	»	»	81	62	2639	06
VAN DONGHEN et MOURMANT. . . . Wazemmes. . .	184	»	»	»	»	»	184	»
VENTE PUBLIQUE.	1646	85	»	»	»	»	1646	85
WATEL Fils. . . . . Tourcoing.. . . .	175	90	»	»	»	»	205	90
IDEM. . . . . Idem.	30	»						
	407587	10	351	91	1712	12	107106	76
BLAQUE–CERTAIN et DROUILLARD. . Paris.	1800	»	En déduction de leur créance (revendication).					
V.or DELGUTTE. . . . . Lille.	896	15	»	»	»	»	896	15
Total *général.*	410283	25	351	91	1712	12	108002	91

NOTA. Sur les recettes ci-dessus, s'élevant à F. 108,002 91, il a été prélevé F. 2,001 10, dont détail ci-derrière.

PAIEMENTS dont le montant a été prélevé sur les recettes d'autre part.

En plusieurs fois, à M. LEROUX, pour commission de vente			570	33
A M. PRONNIER-LARDINOIS,	idem,	idem.	39	50
A DUBAR, scieur, qui a remis le bois qui était resté en sa possession			830	84
A DUHAMEL,	idem,	idem.	102	52
A DELRUE-LOYNE,	idem,	idem.	457	91
			2001	10

Bordereau N.° 2.

CHAPITRE 2 DE L'ACTIF.

DÉBITEURS (supposés solvables au 4 décembre 1839).

NOMS ET DOMICILES.		SOMMES DUES.		AUGMENTATION.		DIMINUTION.		SOMMES REÇUES.	
ADAM (Aurore).	Rimogne. . . .	214	15	»	»	»	»	124	80
ASBROUCQ, voyageur.	Lille.	157	82	»	»	125	07	31	85
BLONDEAU-BILLET.	Idem.	30	88	»	»	»	48	30	40
BERNEAU-TERWAGNE.	Idem.	2390	11	28	06	144	07	2274	10
BRABANT, HUREZ et Fils.	Cambrai.	63	67	»	»	63	67	dim. sur leur créance.	
BARROIS Frères.	Lille.	218	68	»	»	8	50	210	18
BRON.	Calais.	80	50	»	»	»	»	80	50
BLANQUART-DEBUISSET et C.ᵉ. . .	Lille.	76	61	»	»	»	61	76	»
BIGO.	Étaples. . . .	15	90	»	»	15	90	»	»
BEHAEGHEL-SERLOOTEN et C.ᵉ. . .	Bailleul. . . .	215	85	»	»	»	»	215	85
BEAUSSART.	La Couture. . .	1706	30	110	90	»	»	1817	20
BOILLY.	Saint-Pol. . . .	30	87	»	»	»	»	30	87
BASTENAIRE.	Saint-Amand. . .	96	35	»	»	»	»	96	35
BAYART.	Linselles. . . .	20	80	»	»	»	»	20	80
BOTTEAU.	Valenciennes. . .	290	»	»	»	»	»	290	»
BLONDOT-DRUEZ.	Aire.	69	90	»	»	»	»	»	»
Total à reporter.		5678	39	138	96	359	20	5298	90

NOMS ET DOMICILES.	SOMMES DUES.		AUGMENTATION.		DIMINUTION.		SOMMES REÇUES.	
Report d'autre part.	5678	39	138	96	359	20	5298	90
BARILLET-MILA. . . . . Lille.	2	75	»	»	»	»	2	75
BONNAIRE–PRUD'HOMME. . . . . Avesnes.	273	42	»	»	2	21	271	21
BONNIER-WAYMEL.. . . . . . . Les Moulins. . .	141	10	»	»	71	83	69	27
BAUDRY (H.ⁱ). . . . . Lille.	119	62	»	»	8	07	111	55
BOCQUET Sœurs.. . . . . Idem.	6	60	»	»	»	»	»	»
BOUTELEUX-DELEPINE. . . . . . Fauquemberg. .	282	06	»	»	»	»	282	06
BOILLY. . . . . La Bassée. . . .	664	20	»	»	1	»	663	20
BLONDEL.. . . . . Bouchain. . . .	901	25	10	65	»	»	911	90
BLONDEL.. . . . . Arleux.	683	86	»	»	»	»	683	86
BOURDON.. . . · . . . . Maubert-Fontaine.. .	320	01	»	»	»	»	320	01
BODART. . . . . Alquines. . . .	250	»	»	»	»	»	250	»
BOLIN Père.. . . . . Linselles. . . .	20	25	»	»	»	»	20	25
BOURGUIGNON (Noël). . . . . . . Sedan..	159	50	»	»	5	55	153	95
BEGHIN-DESMAZIÈRES.. . . . . . Lille.	18	83	»	»	»	53	18	30
BOUTRUILLE. . . . . Douai..	105	»	»	»	»	»	105	»
BOUCHÉ. . . . . Laon.	206	15	»	»	»	»	206	15
BRIS (Artus). . . . . Douai..	278	25	»	»	5	55	272	70
BRANQUET. . . . . Martigny. . . .	135	80	2	85	»	»	138	65
BOHEM (V.ᵉ). . . . . Lille.	39	70	»	»	7	10	32	60
BARBIER.ᵗ. . . . . Arras.	94	25	1	75	»	»	96	»
BASQUIN-BRICOURT.. . . . . . . Iuchy-Beaumont. . .	144	80	»	»	»	»	144	80
BERNARD-OBRY. . . . . Lille.	155	48	»	»	3	23	152	25
BRICE-HONORÉ.. . . . . Idem.	669	77	»	»	»	»	669	77
BOURDON-LIZOT. . . . . Tarzy..	388	57	»	02	»	»	388	59
BRICHE–VANBAVINCHOVE. . . . . Saint-Omer· . .	397	20	»	»	»	»	397	20
BONDEL (H.ⁱ). . . . . Tournehem. . .	209	75	»	»	»	»	209	75
BRASSELET-LAMBERT. . . . . . Boulogne. . . .	209	05	»	»	»	»	209	05
BARBAGE (H.ⁱ). . . . . Estaires.	35	»	»	»	»	»	35	»
BOGNIART. . . . . Lille.	65	85	»	»	1	85	64	»
BOOSMAN. . . . . Calais..	32	50	»	»	»	»	32	50
BATES–ROBERTS. . . . . Dunkerque. . .	182	35	»	»	»	»	182	35
BERNARD-BEGHIN. . . . . Armentières. . .	103	05	»	»	3	05	100	»
BERTRAND-SAUDOT. . . . . . . Saint-Quentin.. .	255	40	»	»	13	90	241	50
Total *à reporter.*	13229	76	154	23	483	07	12735	07

NOMS ET DOMICILES.	SOMMES DUES.		AUGMENTATION.		DIMINUTION.		SOMMES REÇUES.	
Report d'autre part. · · · · · · ·	13229	76	154	23	483	07	12735	07
BESSON Fils.. . . · · · · · · · Pézénas.	33	70	»	»	33	70	»	»
BATEAUX ACCÉLÉRÉS. . . . . . . · · · · ·	200	12	20	»	220	12	»	»
BIART (F.). . . . . Anvers.	2567	66	»	»	2567	66	diminués sur sa créance
COTTIAUX. . . . . Cambrai.. . . .	209	15	»	»	9	95	199	20
CARLIER-BLENNARD. . . . . . Au Quesnoy. . .	38	15	»	»	1	15	37	»
CHOCQUET. . . . . Cassel.	181	90	»	»	»	»	181	90
CHARVET (André) et FEVEZ. . . . Lille.	488	14	»	»	17	29	470	85
CONTAMINE.. . . . . Landrecies.. . .	18	76	»	»	»	»	18	76
CHÉRUBIN-CARLIER. . . . . . Guise.	154	80	»	»	»	»	154	80
CAPLIN-COURTIN. . . . . . . Ribemont. . . .	270	85	»	»	»	»	270	85
CATTEAUX-TETTELIN. . . . . . Roubaix.. . . .	4682	10	351	28	35	30	4998	08
COURTOT (Benjamin). . . . . . Arras..	54	»	»	»	»	»	54	»
CLAYS-HUGUET. . . . . Lille.	175	10	»	»	»	»	175	10
COUSIN (Louis).. . . . . Saint-Omer. . .	205	97	23	03	15	»	»	»
CRAPEZ. . . . . · . . . . . . Engle-Fontaine. .	13	45	»	»	»	»	13	45
CUVELIER (Ed.).. . . . . Lille.	4	25	»	»	1	60	2	65
CHANTRY (Ant.).. . . . . Tourcoing. . . .	69	83	»	»	4	83	65	»
COURTOT Fils. . . . . Dunkerque.. . .	136	35	»	»	»	»	136	35
CATEL (Aug.te)· . . . . Tourcoing. . . .	3	48	»	»	»	18	3	30
CALOTTE (Victor). . . . . Tournai.. . . .	45	25	»	»	24	55	20	70
COFFIGNON Fils. . . . . Laon..	3	60	»	»	»	»	»	»
CARPENTIER (Alex.). . . . . . Bapaume. . . .	51	46	»	»	»	»	51	46
CALAIS-NOYELLE. . . . . Tourcoing. . . .	46	49	»	»	»	»	46	49
CLOCHE-SIMON. . . . . Landrecies. . .	49	30	»	»	»	»	49	30
COPHIGNON.. . . . . Maubert-Fontaine.. .	67	95	»	»	»	»	67	95
CREPY Fils et C.e. . . . . Lille.	26	50	»	»	»	»	26	50
CRIEZ (V.e).. . . . . Boulogne. . . .	63	44	»	»	»	»	63	44
CAMBRONNE-PETIT (V.e). . . . . Saint-Quentin. .	1056	08	»	02	»	»	1056	10
CATTIAUX. . . . . Cambrai.. . . .	103	96	»	90	15	»	89	86
CAULIÉ (V.e). . . . . Saint-Amand.. .	20	06	»	»	»	»	20	06
CARION et DELMOTTE. . . . . . Anzin..	184	95	»	»	»	»	184	95
Total *à reporter.*	24456	56	549	46	3429	40	21193	17

NOMS ET DOMICILES.	SOMMES DUES.		AUGMENTATION.		DIMINUTION.		SOMMES REÇUES.	
Report d'autre part	24456	56	549	46	3429	40	21193	17
CARUEL. . . . . Maubert-Fontaine. . .	13	»	»	»	»	»	13	»
CASCIANI-GAUTHIER. . . . . . . Rheims.	327	26	»	»	»	»	327	26
CRESPEL-FAVRE et C.e . . . . . Dunkerque. . . .	268	94	»	»	»	»	268	94
CHARPENTIER-RAULIN. . . . . . Dom-le-Mesnil. .	680	»	5	75	»	»	230	»
COINTE-DEREUX. . . . . Saint-Pol. . . .	16	85	»	»	»	15	16	70
CLICHE. . . . . Origny-S.te-Benolte. .	71	70	»	»	1	»	70	70
CAPY. . . . . Arras.	92	25	»	»	»	»	92	25
CARTON. . . . . Montcornet. . .	144	05	»	»	»	05	144	»
CARPENTIER-POIRÉ (L.). . . . . Desvres.	240	75	2	10	»	»	242	85
COUROUBLE. . . . . Bondues.	2	32	»	»	»	»	»	»
CORNILLE Frères. . . . . . . Roubaix. . . .	32	»	»	»	»	»	32	»
CATEL. . . . . Lille.	1	20	»	»	»	»	1	20
CASTELIN (V.e). . . . . Saint-Vast. . . .	120	45	»	»	3	90	116	55
CLEMMEN. . . . . Wazemmes. . .	3290	65	4	42	106	68	3188	39
CHARDON. . . . . Guiscard. . . .	68	32	»	»	»	»	»	»
DELANNOY (Jules). . . . . . . Cambrai.	197	71	»	»	148	29	49	42
DEMEESTER-DELANNOY. . . . . . Halluin.	720	»	»	»	321	10	398	90
DUTILLEUL. . . . . Lille.	35	»	»	»	»	»	35	»
DUQUESNE (M.les). . . . . . . Roubaix.	6	»	»	»	»	20	5	80
DECOCQ (L.). . . . . Houlle.	544	61	»	»	»	»	544	61
DUFOREST-DUHAMEL. . . . . . Roubaix.	2524	95	»	»	69	33	2455	62
DUCOULOMBIER-DANNIAUX. . . . Tourcoing. . . .	3846	70	139	63	79	63	3906	70
DURIEZ. . . . . Wazemmes. . .	5	»	»	»	»	»	5	»
DRUEZ (V.e). . . . . Berlaimont. . .	262	85	»	»	5	25	257	60
DEWALEINE. . . . . Lille.	140	31	»	»	2	16	138	15
DUCHATEL. . . . . Idem.	4	95	»	»	»	»	4	95
DELOIGNE. . . . . Idem.	30	40	»	»	»	90	29	50
D'HAINAUT. . . . . Orchies.	21	50	»	»	»	»	21	50
DECHERF. . . . . Steenwerck. . .	»	86	»	»	»	»	»	86
DABLINE. . . . . Babeuf.	240	88	»	»	240	88	»	»
DELCROIX-DELOSSENDIÈRE. . . . Roubaix.	38	10	»	»	1	20	36	90
Total à reporter	38446	12	701	36	4410	12	33827	52

NOMS ET DOMICILES.	SOMMES DUES.		AUGMENTATION.		DIMINUTION.		SOMMES REÇUES.	
Report d'autre part	38446	12	701	36	4410	12	33827	52
DERNY-MATHON. . . . . Guemps.	77	25	»	»	»	»	77	25
DENIS. . . . . Cambrai.	123	60	»	»	1	19	122	41
DERVAUX. . . . . Lille.	4	80	»	»	»	»	»	»
DEBLON. . . . . Fives.	11438	42	82	97	40	42	11480	97
DECLERCQ-MILOT. . . . . . . Ardres.	615	30	»	»	»	»	»	»
DUFLOT-CARDOT. . . . . Vervins	27	52	»	03	»	»	27	55
DUBOIS.. . . . . Signy-le-Petit. .	95	27	»	»	»	»	95	27
DECREQUI-CARON. . . . . . . Fruges.	26	»	»	»	»	»	26	»
DUFERMONT-CORNILLE. . . . . Roubaix. . . .	3223	65	»	»	239	75	2983	90
DANSET. . . . . Halluin.	1392	»	»	»	»	»	1392	»
DUMONT. . . . . Boulogne. . . .	219	80	»	»	36	»	183	80
DESCAT-LELEUX.. . . . . . . Lille.	1547	97	11	93	»	»	1559	90
DUBOIS.. . . . . Armentières. . .	164	90	»	»	4	»	160	90
DUSART. . . . . Saint-Amand.. .	107	23	»	»	6	53	100	70
DUVILLIERS Fils.. . . . . Roubaix.. . . .	173	25	»	»	»	25	173	»
DOUAN-RAMBOUILLE (V.e).. . . . Vervins.	112	90	2	05	»	»	114	95
DIACRE. . . . . Lille.	1400	61	51	48	4	05	1448	04
DUCHANGE Père. . . . . Cambrai.. . . .	88	»	»	»	»	»	88	»
DAZIN Fils aîné. . . . . Roubaix. . . .	269	75	»	»	4	53	265	22
DESTOMBES-CORSET. . . . . . Tourcoing. . . .	16	75	»	»	1	25	15	50
DUBOIS.. . . . . Boulogne.. . . .	70	35	»	»	3	50	66	85
DAVIER-LAMARE.. . . . . . . Guisnes.	73	40	»	»	»	»	»	»
DUFRESFOY.. . . . . Béthune.. . . .	10	»	»	50	»	»	»	»
DEBRAUDS-BOONE et Fils.. . . . Courtrai.. . . .	157	»	»	»	»	»	157	»
DEMÉE.. . . . . Bourbourg.. . .	20	»	»	»	»	»	20	»
DUBREUCQUE. . . . . Douai..	84	»	»	»	»	»	84	»
DEBEUGNY-GRAVELINE. . . . . Bapaume. . . .	92	67	»	»	»	»	92	67
DANSETTE (V.e). . . . . Roubaix.. . . .	61	60	»	»	»	»	61	60
DAMBRICOURT Frères. . . . . . Saint-Omer. . .	213	85	»	»	»	»	213	85
DELANNOY Fils. . . . . Tourcoing. . . .	196	47	»	»	6	42	190	05
DENGLOT.. . . . . Saint-Omer. . .	54	31	10	40	21	71	43	»
TOTAL *à reporter.*	60604	74	860	72	4779	72	55071	90

NOMS ET DOMICILES.	SOMMES DUES.		AUGMENTATION.		DIMINUTION.		SOMMES REÇUES.	
Report d'autre part	60604	74	860	72	4779	72	55071	90
DUVERDYN ET C.e (V.or). . . . . . Lille.	507	92	»	»	29	80	478	12
DUFLOT. . . . . Saint-Quentin. .	239	35	»	»	»	»	239	35
DELANNOY. . . . . Douai.	32	75	1	»	»	75	33	»
DESEELERS. . . . . Montreuil. . . .	190	52	»	»	13	50	177	02
DUBUS Père. . . . . Marquette. . . .	35	»	»	»	35	»	»	»
DAUPHIN. . . . . Valenciennes. . .	171	36	»	»	»	»	171	36
DURIEUX Père (batelier). . . . . . Bateaux accélérés	34	»	»	»	34	»	»	»
DEFRENNES. . . . . Lannoy.	209	38	»	»	3	05	206	33
DESCHILDRE. . . . . Nieppe.	48	20	»	»	»	»	48	20
DELEMAR. . . . . Lille.	153	41	»	»	1	66	151	75
DESMONS (L.s). . . . . Idem.	72	37	»	»	»	»	72	37
DUVIVIER (E.). . . . . Idem.	9621	02	59	02	1074	85	8605	19
DUCHANGE Père. . . . . Cambrai.	130	15	»	90	»	»	131	05
DUHAMEL-SENLECQ. . . . . . . Saint-Omer. . .	83	»	»	»	»	»	83	»
DEHAN. . . . . Maubeuge. . .	109	25	»	»	»	»	109	25
DELESPAUL-BOS. . . . . Lille.	32	75	»	»	»	»	32	75
DERENLY. . . . . Idem.	158	28	»	»	»	03	158	25
DELRUE-LOYNE. . . . . Idem.	724	05	»	»	»	»	724	05
DESCAT-CROUSET. . . . . Roubaix.	5876	94	37	11	426	32	5487	73
DUFRESNOY-CARON. . . . . . . Lille.	43	20	»	»	»	»	43	20
DATHIS (A.). . . . . Idem.	81	58	»	»	»	»	81	58
DUMONT-DURIEUX. . . . . . . Montreuil. . . .	6	»	»	»	»	»	»	»
DEJAEGHÈRE Frères. . . . . . . Lille.	48	»	»	»	»	»	48	»
DARDENNE. . . . . Dunkerque. . . .	73	25	»	»	2	50	70	75
DERIEPER. . . . . Saint-Omer. . .	42	90	»	»	»	»	42	90
DEVERLY (J.e). . . . . Saint-Quentin. .	188	»	7	50	8	30	187	20
DELMOTTE-BENOIT. . . . . . . Gand.	5	62	»	»	»	»	5	62
DUBRUYNE. . . . . Lille.	11	40	»	»	»	»	11	40
DELPUTTE. . . . . Tourcoing. . . .	48	18	»	»	»	18	48	»
DELCOURT. . . . . Valenciennes. .	293	55	»	»	»	»	293	55
DELHOMEZ-HAVEZ. . . . . . . Montreuil. . . .	170	02	2	80	»	»	172	82
TOTAL *à reporter*	80046	14	969	05	6409	66	72985	69

NOMS ET DOMICILES.	SOMMES DUES.		AUGMENTATION.		DIMINUTION.		SOMMES REÇUES.	
Report d'autre part	80046	14	969	05	6409	66	72985	69
DELATTRE. . . . . Boulogne. . . .	271	62	»	»	23	75	247	87
DECOSTER-AGACHE. . . . . . . Lille.	1089	46	»	»	32	68	1056	78
DUBOIS ET C.º . . . . Hâvre..	22	45	»	»	»	»	22	45
DROUX ET C.ᵉ . . . . Batignolles.. . .	1700	»	94	56	1057	68	736	88
DEMAISON (F.) Frères.. . . . . . Charleville.. . .	176	16	»	»	176	16	dim. sur leur créance.	
DELANNOY. . . . . Fauquemberg. .	56	10	»	»	»	»	56	10
DELECOURT. . . . . Ascq.	2	40	»	»	»	»	2	40
DUBOS. . . . . Rouen..	39	80	»	»	39	80	diminués sur sa créance,	
DEGAND (H.ₗ).. . . . . Lille.	1	86	»	»	1	86	idem.	
DEVILLEBLANCHE. . . . . . . Boulogne. . . .	32	»	»	»	32	»	idem.	
DORDIGNY Aîné. . . . . Noyon..	2485	30	»	»	2485	30	idem.	
ÈVRARD-LERUSTRE. . . . . . . Tourcoing. . . .	45	10	»	»	»	10	45	»
EMPIS. . . . . Lille.	3379	68	32	56	26	20	3386	04
ENDIGNOUS (B.) . . . . Marseille. . . .	370	51	353	97	456	83	267	65
FESTEL-LEMAIRE.. . . . . . . Leuze..	20	25	»	»	»	»	»	»
FONTENELLE-DELCOUR . . . . . . Tourcoing. . . .	720	80	»	»	184	80	536	»
FRÊTEUR-DELATTRE. . . . . . . Lille.	201	07	»	»	19	07	182	»
FACON-FRÉMAUX.. . . . . . . Tourcoing. . . .	542	90	34	70	»	15	577	45
FREMAUX, M.ᵈ de lait. . . . . . Lille.	7	75	»	»	7	75	»	»
FOSSART (D.ᵉˡˡᵉ). . . . . Idem.	83	02	»	»	32	02	51	»
FUÉVET (A.) V.ᵉ . . . . Idem.	256	22	»	»	»	»	256	22
FAYNOT-FILLIATE. . . . . . . Maubert-Fontaine.. .	97	23	»	»	»	98	96	25
FAVART Frères. . . . . Valenciennes.. .	255	79	»	»	147	69	108	10
FAILLE ET Cᵉ. . . . . Lille.	7	50	»	»	»	»	7	50
FLEURY-HOSDEZ.. . . . . La Bassée. . . .	32	70	»	60	1	70	31	60
FLAMENT (Aug.ᵗᵉ). . . . . Lille.	528	49	280	10	259	69	548	90
FOULD ET FOULD OPPENHEIM.. . . . Paris.	120	»	38	25	»	»	158	25
GRANDEL-D'HENIN. . . . . Lille.	24	50	»	»	»	»	24	50
GUYOT D.ˡᵉ.. . . . . Idem.	7	90	»	»	»	»	7	90
GAZ (Établissement du). . . . . Idem.	2	95	»	»	»	»	2	95
GRAPP ET ZACHARIE. . . . . . . Idem.	385	60	»	»	»	»	385	60
TOTAL à *reporter*.	93013	25	1803	79	11395	87	81781	08

NOMS ET DOMICILES.	SOMMES DUES.		AUGMENTATION.		DIMINUTION.		SOMMES REÇUES.	
Report d'autre part.	93013	25	1803	79	11395	87	81781	08
GAHIDE. . . . . Lille.	1055	13	97	65	»	»	1152	78
GOROT. . . . . Montcornet. . .	49	62	»	»	»	»	49	62
GUESNET–VILLERS.. . . . . . Saint-Amand. . .	61	»	5	80	1	»	65	80
GAUTHIER, messager. . . . . . Givet..	164	»	»	»	»	»	164	»
GROSSIER. . . . . Avesnes.	250	»	»	»	»	»	250	»
GLORIEUX (A.). . . . . Condé..	45	25	»	»	»	»	45	25
GRIMONPONT (V.e).. . . . . . . Lille.	5	70	»	»	»	»	5	70
GIRAUD (Cu.s).. . . . . Onnaing.. . . .	89	20	»	»	»	»	89	20
GÉRARD. . . . . Saint-Omer. . .	379	08	1	»	1	»	379	08
GAILLARD (Cu.s).. . . . . Zuytkerque. . .	776	06	»	»	»	01	»	»
GUILLEBERT (V.e). . . . . Autingues. . . .	184	»	»	»	»	»	184	»
GUILLOT Frères. . . . . Hâvre..	20127	55	»	»	20127	55	Portés au débit Ménard	
HONOREZ–MANCHE.. . . . . . . Lille.	464	09	»	»	»	»	464	09
HUBERT-PETIT-JEAN. . . . . . . Stenay.	35	»	»	»	»	»	»	»
HAMBIS. . . . . Lille.	23	20	»	»	7	80	15	40
HINAUX-CARLIER. . . . . Guise..	65	15	»	»	»	»	65	15
HONORÉ (V.e).. . . . . Douai..	193	50	»	»	»	»	193	50
HENNETON. . . . . Lille.	7879	68	218	73	218	97	7879	44
HOLNIGRE. . . . . Desvres.	36	»	»	»	»	»	36	»
HENNETON. . . . . Valenciennes. . .	365	»	»	»	»	»	365	»
HENRY (V.e). . . . . Saint-Omer. . .	92	40	»	»	»	»	92	40
HUGUEZ (D.les). . . . . Lille.	14	63	»	»	»	03	14	60
HAVERBECQUE. . . . . Bailleul.	107	62	»	»	»	»	107	62
HUMBERT-DRINO. . . . . Lille.	898	45	»	»	14	03	884	42
HERNU-TRUNET. . . . . Frencq.	135	14	18	21	»	»	»	»
HELBERT–BROUTIER. . . . . . . Calais..	47	»	»	»	»	»	47	»
HUC Fils (J.-P.). . . . . Castres.	300	»	»	»	300	»	Dimin. sur sa créance.	
JASPAR Frères.. . . . . Lille	331	75	»	»	64	50	267	25
JACQUART Frères. . . . . Tourcoing.. . . .	45	»	»	»	»	»	45	»
JOMBART-LEDOUX.. . . . . . . Armentières. . .	17	10	»	»	»	»	17	10
JEANSON. . . . . Idem.	165	10	»	»	»	»	165	10
Total *à reporter*	127415	65	2145	18	32130	76	94825	58

NOMS ET DOMICILES.	SOMMES DUES.		AUGMENTATION.		DIMINUTION.		SOMMES REÇUES.	
Report d'autre part.	127415	65	2145	18	32130	76	94825	58
JONGLEZ-MOREL.. . . . . Tourcoing.. . .	3532	20	»	»	40	70	3491	50
JULIEN-LIER. . . . . Saint-Amand.. .	346	79	»	»	»	39	346	40
JACQUEMART.. . . . . Monthermé. . .	140	»	Marchandises laissées pour compte, F. 35				105	»
JONGLEZ-DELCROIX. . . . . . Tourcoing.. . .	934	25	98	94	»	19	1033	»
JANTY (Carlos). . . . . Lille.	1111	52	»	»	»	02	1111	50
JOLY-SAMUEL et Fils. . . . . Saint-Quentin. .	765	57	»	»	42	87	722	70
JAUSSAND (A), LEFEBVRE et C.e. . Valenciennes.. .	1027	»	»	»	1000	»	27	»
IDÉE-COUSIN. . . . . Saint-Quentin. .	123	62	»	»	2	02	121	60
KORDÉE. . . . . Saint-Omer. . .	130	15	»	»	8	»	122	15
LEFEBVRE (V.e). . . . . Lille.	14	30	»	»	»	30	14	»
LANCY.. . . . . Hirson.	38	25	»	»	»	»	38	25
LAMBRY-SCRIVE.. . . . . Lille.	45	26	»	»	1	16	44	10
LORTHIOIS-DUQUESNOY.. . . . . . Tourcoing.. . .	35	75	»	»	10	75	25	»
LAMMERS-LEROUX.. . . . . . . Lille.	76	25	»	»	»	»	76	25
LORIDANT. . . . . Idem..	31	50	»	»	»	»	31	50
LENGLEIN et C.e.. . . . . Douvrain. . . .	224	39	»	»	99	30	125	»
LECOMTE. . . . . Roncq.	11	12	»	»	7	32	3	80
LAMARCHE DUBOIS.. . . . . . . Hardinghem.. .	209	29	14	79	»	»	»	»
LEZAIRE... . . . . Cysoing.. . . .	78	30	»	»	2	30	76	»
LOMBART (E.le).. . . . . Saint-Pol. . . .	31	45	»	»	»	»	31	45
LENGLEBERT–CARLIER. . . . . Bapaume. . . .	96	96	»	»	»	»	96	96
LEFLOCH Aîné.. . . . . Lafère.	140	96	5	»	»	»	145	96
LECESNE-GRIMONPREZ . . . . . Comines.. . . .	16	10	»	»	»	40	15	70
LEMAIRE (H.i). . . . . Dunkerque. . .	145	95	»	»	»	»	145	95
LEMOYNE. . . . . Origny.. . . .	96	67	»	»	»	»	96	67
LEFEBVRE-BRIXY. . . . . Lille.	184	24	»	01	»	»	184	25
LEBLON (Alex.). . . . . Idem..	17	85	»	»	»	25	17	60
LEFEBVRE (Placide). . . . . . Idem..	59	33	»	»	»	»	59	33
LECOMTE. . . . . Idem..	26	65	»	»	»	»	26	65
LEFEBVRE Fils et C.e. . . . . . Esquerdes.. . .	54	25	»	»	2	25	52	»
LEMESRE (J.-B.). . . . . Roubaix. . . .	5	»	»	»	»	»	5	»
Total *à reporter.*	137166	57	2263	92	33349	07	103217	85

6

NOMS ET DOMICILES.		SOMMES DUES.		AUGMENTATION.		DIMINUTION.		SOMMES REÇUES.	
Report d'autre part		137166	57	2263	92	33349	07	103217	85
LUTUN Fils.	Lille.	307	07	5	14	11	94	300	27
LEFRANCQ (E.le), ...	Saint-Quentin. .	100	16	»	»	»	»	100	16
LEDOUX-BIGOT.	Boulogne. . . .	117	80	»	»	»	»	117	80
LUSSIER-BRABANT.	Calais.	21	60	»	»	»	»	21	60
LEBRUN.	Lille.	62	08	»	»	1	88	60	20
LESAGE-CARLIER.	Saint-Quentin. .	79	50	1	20	80	70	»	»
LEROY Aîné.	Douai.	32	»	»	»	»	»	»	»
LEROY.	Tourcoing. . . .	42	50	»	»	»	»	42	50
LEFEBVRE.	Blendecques. . .	83	71	»	»	»	»	83	71
LANCELOT.	Péronne.	493	45	»	»	»	»	493	45
LEROY.	Marcq.	33	40	»	»	»	25	33	15
LIGEOIS.	Lille.	6	»	»	»	»	»	6	»
LEFEBVRE-BODIN.	Idem.	182	30	»	»	13	80	168	50
LAMBRE-LECOCQ.	Idem.	6	07	»	»	6	07	»	»
LEPORCQ-LELEU.	Desvres.	143	35	»	»	»	»	143	35
LEDUCQ.	Saint-Omer. . .	87	60	»	»	»	»	87	60
LEGAY.	Aire.	66	48	»	»	»	»	66	48
LEFEBVRE-PAN.	Roubaix. . . .	15	»	»	»	»	»	15	»
LECHERF-BAREINE (V.e).	Lille.	658	10	»	»	12	99	645	11
LEROY (Louis).	Licques.	600	49	»	»	1	15	599	34
LEROY (Fidèle).	Cambrai. . . .	613	75	1	20	»	90	614	05
LIONNE (V.e).	Valenciennes. .	129	»	»	»	»	»	129	»
LAMOUREUX.	Vervins.	84	95	»	»	»	»	84	95
LAFFITTE (J.) et C.e.	Paris.	808	97	»	»	92	35	716	62
LEQUEUX (H.).	Douai.	412	12	»	»	137	72	274	40
LECUYER et C.e.	Saint-Quentin. .	386	18	»	»	12	30	373	88
LICSON (C.) C.te A	Lille.	1195	20	»	»	1195	20	Dimin. sur sa créance.	
								108394	97
LICSON (C) C.te N.	Idem.	989	82	508	09	1649	28	151	37
								108243	60
MONFRAY Frères.	Idem.	36	25	»	»			36	25
Total à reporter.		144961	7	2779	55	36565	60	108279	85

NOMS ET DOMICILES.	SOMMES DUES.		AUGMENTATION.		DIMINUTION.		SOMMES REÇUES.	
Report d'autre part.	144961	47	2779	55	36565	60	108279	85
MARLOIS. . . . . Etaples.	92	95	»	»	49	45	43	50
MACHAUX. . . . . Auvillers-les-Forges..	99	60	»	»	15	15	84	45
MALHERBE (V.e).. . . . . . . Mézières..	124	20	»	»	»	»	124	20
MEURISSE, faubourg de Gand. . . . Lille.	38	35	»	»	»	»	»	»
MASUREL Fils.. . . . . Tourcoing. . . .	69	42	»	»	3	10	66	32
MANNIER. . . . . Marquise. . . .	307	10	2	90	»	»	310	»
MATHYS et Soeur. . . . . . . Lille.	431	99	»	»	»	»	431	99
MORAND (V.e). . . . . Tournai.. . . .	4257	57	»	»	842	67	3414	90
MARIE.. . . . . Dunkerque. . .	51	»	»	»	»	»	51	»
MILLE.. . . . . Armentières. . .	74	67	»	»	»	»	74	67
MEURS–DEVERCHIN. . . . . . Valenciennes.. .	56	20	1	30	»	»	57	50
MARLOIS.. . . . . Samer.	18	85	»	»	»	»	18	85
MALLET. . . . . Valenciennes.. .	40	»	»	»	»	»	40	»
MESMAKER. . . . . Bourbourg. . . .	47	»	»	»	»	»	47	»
MARIAGE Fils.. . . . . Lille.	117	17	»	»	1	»	116	17
MALGRÉMOI. . . . . Idem.	4	35	»	»	»	»	4	35
MARAFIN-GADENNE.. . . . . . Roubaix.. . . .	1	75	»	»	»	»	1	75
MAES-DERUDDER. . . . . . . Cassel..	22	25	»	»	»	»	22	25
MOREL (Placide). . . . . Lille.	221	85	»	»	9	60	212	25
MALLET-MACON.. . . . . . . Calais..	51	»	»	»	»	»	51	»
MALLET-DELAHAYE. . . . . . Aire.	40	15	»	»	»	»	40	15
MANCHE (V.e).. . . . . Lille.	124	10	»	»	5	30	118	80
MULLET. . . . . Saint-Pol. . . .	17	43	16	57	»	»	34	»
MACHU. . . . . Lille.	84	63	»	»	21	63	63	»
MANNIER (J.b).. . . . . Saint-Martin. . .	398	20	59	31	»	20	»	»
MÉNISSEZ. . . . . Aubigny-au-Bac.	96	80	»	»	»	»	96	80
MASSE et HUDERT (J.). . . . . Paris.	1827	60	»	»	»	»	1827	60
MALLET Frères et C.e.. . . . . Idem.	531	40	»	»	117	40	414	»
MASURE. . . . . Lille.	85	»	»	»	67	25	17	75
MARIAGE–GAUTHIER. . . . . . Valenciennes.. .	897	36	»	»	»	»	»	»
MOBILIER . SUCRE..	2260	25	53	25	»	»	800	»
NICOLLE. . . . . Saint-Amand.. .	40	24	»	80	»	»	»	»
NYS-MEURIN. . . . . Lille.	9	85	»	»	6	25	3	60
Total *à reporter.*	157501	75	2913	68	37704	60	116867	70

NOMS ET DOMICILES.		SOMMES DUES.		AUGMENTATION.		DIMINUTION.		SOMMES REÇUES.	
Report d'autre part.		157501	75	2913	68	37704	60	116867	70
NICOLLE, CARPENTIER ET CAUDRON.	Valenciennes. . .	198	40	»	»	»	»	198	40
NOEL-DIEU.	Douai.	88	82	»	»	»	»	88	82
NOIRET-THIÉRY.	Idem.	42	60	»	»	»	»	42	60
NICASSIUS.	Anzin.	32	57	2	63	»	»	35	20
OGER-D'HALLUIN.	Tourcoing. . . .	44	35	»	»	»	»	44	35
OVIGNEUR Frères.	Lille.	308	03	»	»	»	03	308	»
ODOUX-BOURGEOIS.	Tourcoing. . . .	2	80	»	»	»	»	»	»
OUDART-DEBUIRE.	Aire.	28	20	»	»	»	30	27	90
PRONNIER-LARDINOIS.	Lille.	225	35	»	»	1	50	223	85
PARENT-BERTRAND.	Comines.	2079	92	43	25	»	67	2122	50
PÉRON Fils.	Saint-Omer. . .	338	»	»	»	»	»	338	»
PAQUET-LECLERCQ.	Lille.	1497	28	»	»	30	03	1467	25
POLLET-BRAME.	Idem.	1460	22	2	03	»	»	1462	25
PIETTE-JOUETTE.	Vervins.	166	90	»	»	»	»	166	90
PAJOT-DEGAND.	Cambrai. . . .	328	55	»	»	»	»	328	55
PIGIS-DUCROCQ.	Boulogne. . . .	162	75	2	»	»	»	100	»
PANQUET.	Avesnes.	66	50	»	»	9	»	57	50
PERMANN.	Lille.	42	60	»	»	»	»	42	60
PIETTE.	Anzin.	163	95	»	»	7	20	156	75
PIGNAN.	Escœuilles. . . .	375	93	»	»	»	»	375	93
PRUVOST.	Desvres.	31	50	»	»	»	»	31	50
PRUVOST ET C.ᵉ.	Lapugnoy. . . .	162	25	»	»	3	»	159	25
PARIS.	Lille.	4	65	»	»	»	»	4	65
POTTIER-JOUVENEL.	Idem.	33	05	»	»	31	05	2	»
PRUD'HOMME.	Calais.	89	65	1	20	30	85	60	»
PIOT-JOURDAN.	Troisvilles . . .	503	20	»	»	427	70	75	50
PAU.	Roubaix.	70	98	»	»	4	13	66	85
PICAVET-MILLESCAMPS.	Tourcoing. . . .	11	»	»	»	»	»	11	»
PASSART.	Maubeuge. . . .	46	»	»	»	»	»	46	»
PICHEN DIT GALANT.	Brunembert. . .	201	»	»	»	21	»	180	»
REYNARD.	Armentières. . .	255	»	»	»	7	65	247	35
TOTAL *à reporter.*		166563	75	2964	79	38278	71	125339	15

NOMS ET DOMICILES.		SOMMES DUES.		AUGMENTATION.		DIMINUTION.		SOMMES REÇUES.	
Report d'autre part.		166563	75	2964	79	38278	71	125339	15
ROURE..	Lille.	7	70	»	»	»	»	7	70
RICHARD et Soeurs..	Cambrai..	71	22	»	»	»	27	70	95
RASSENSOSSE (V.ᵉ).	Hirson.	2	75	»	»	»	»	»	»
RENNUIT-RENARD (V.ᵉ)..	Lannoy.	79	92	»	»	2	64	77	28
RENNUIT (Carlos).	Idem.	153	90	»	»	3	60	150	30
REMOTTE.	Linselles.	16	40	»	»	»	»	»	»
RUBELIN-CRESPELLE..	Lille.	63	»	»	»	»	»	»	»
REQUIN.	Idem.	83	94	»	»	1	64	82	30
RENARD.	Calais..	53	50	»	»	»	»	53	50
ROCQ..	Lille.	949	31	»	»	349	31	600	»
ROBBE..	Nielle..	144	»	»	»	»	»	144	»
REYNIER..	Arquin.	668	30	33	30	»	»	701	60
REBOUX..	Lille.	17	50	»	»	»	»	»	»
ROUSSEL-ENGRAND..	Aire.	72	85	»	»	»	»	72	85
RIGANT (Alex.).	Saint-Quentin.	991	70	»	»	»	»	991	70
RAISIN Frères..	Calais..	51	85	1	»	4	50	48	35
ROGÉ (A.).	Lille.	70	»	»	»	35	07	34	93
ROLLEZ Frères.	Idem.	5	50	»	»	»	»	5	50
ROBETTE.	Valenciennes..	144	80	»	»	»	»	»	»
ROUSSEL DE LIVRY..	Tourcoing.	231	07	»	»	»	90	230	17
ROSSEL-DUTIELT.	Lille.	170	18	»	»	7	83	162	35
ROBIN et C.ᵉ..	Hàvre.	21	95	»	»	21	95	dimin. sur leur créance	
RISBOURG.	Bouchain.	604	48	260	71	380	79	484	40
SANDRET.	Wazemmes.	87	»	»	»	»	87	86	13
SALEMBIER..	Lille.	386	42	»	»	»	»	386	42
SPREUX (V.ᵉ)..	Tournai.	73	57	Marchandises laissées pour compte.					
SIMON Père et Fils..	Rheims.	141	10	»	»	»	»	141	10
SEILLIER-MOURETTE.	Tourcoing.	22	50	»	»	»	»	22	50
SOINS, CONTREJEAN ET DAUTRICOURT.	Wazemmes.	3827	23	»	»	40	20	3787	03
SENEZ..	Au Càteau..	62	30	»	»	»	»	62	30
SCOL-MASSE.	Lille.	51	12	»	»	»	»	51	12
Total à reporter.		175890	81	3259	80	39128	28	133793	63

NOMS ET DOMICILES.		SOMMES DUES.		AUGMENTATION.		DIMINUTION.		SOMMES REÇUES.	
Report d'autre part		175890	81	3259	80	39128	28	133793	63
SCREPEL-ROUSSEL..	Roubaix.. . . .	6	»	»	»	6	»	»	»
SACQUELEU-MACAU.	Tournai.. . . .	28	76	»	»	»	»	28	76
THIBAUT..	Rethel.	169	58	9	92	»	50	179	»
THOUIN.	Douai..	42	»	»	»	»	85	41	15
TROYEN-DELCOURT.	Reuwez.. . . .	43	50	»	»	»	»	43	50
TILLOY Frères..	Lille.	41	85	»	»	»	60	41	25
TOULEMONDE-DESTOMBES.. . . .	Roubaix.. . . .	432	55	»	»	21	63	410	92
TÉTU.	Tourcoing.. . .	2650	12	264	90	65	02	2850	»
THOMAS-BOIS..	Landrecies.. . .	22	»	»	»	»	»	22	»
TOUILLEZ-POUPLIEZ.	Idem..	73	65	»	»	»	»	73	65
THEILLER.	Saint-Pol. . . .	25	05	»	»	»	»	25	05
TIMAL..	Valenciennes.. .	50	60	»	»	»	»	50	60
TISON–BRABANT..	Lille.	1	45	»	»	»	»	1	45
TIENPONT (J.e).	Gand..	374	49	son compte de frais		224	74	·149	75
THERWAGNE (A.).	Paris..	302	35	1	50	»	»	»	»
VANDERHAGHEN, rue de Béthune. .	Lille.	53	25	»	»	»	75	52	50
VANDERHAGHEN, rue Royale.. . .	Idem..	88	75	»	»	2	75	86	»
VERNIER.	Idem..	2	10	»	»	»	»	2	10
VANDROY-CORDIER.	Idem..	347	52	»	»	»	»	347	52
VASSAL.	Maubert-Fontaine.. .	112	75	»	»	6	15	106	60
VANDROTH..	Saint-Quentin. .	633	27	»	»	»	»	633	27
VALQUE–BONNIER.	Lille.	181	17	»	»	5	43	175	74
VANTROYEN-BERTHIER..	Armentières. . .	137	55	»	»	»	»	137	55
VANDENBOSSCHE.	Saint–Omer. . .	14	25	1	»	1	60	13	65
VOREUX-LEMAIRE.	Tourcoing.. . .	68	60	»	»	»	»	68	60
VANDERMEERSCH (G).	Givet..	58	30	2	»	»	50	59	80
VANLOY (H.e).	Saint-Amand.. .	69	»	»	»	»	»	69	»
VILLETTE et DEHARVENGT. . . .	Lille.	3154	92	»	»	94	62	3060	30
VIART..	Idem..	185	86	»	»	»	40	185	46
VERQUIN Frères.	Dunkerque . . .	49	40	»	»	»	»	49	40
VERSCHAVE Frères..	Lille.	45	»	»	»	12	20	32	80
TOTAL à reporter.		185356	45	3539	12	39572	02	142791	»

NOMS ET DOMICILES.	SOMMES DUES.		AUGMENTATION.		DIMINUTION.		SOMMES REÇUES.	
Report d'autre part.	185356	45	3539	12	39572	02	142791	»
VRAU (Pu.). . . . . Lille.	1292	89	»	01	»	»	1292	90
WILLEMET. . . . . Torcy.	34	»	»	»	»	»	34	»
WIBAUX (Florin). . . . . . . Roubaix.	345	07	»	»	10	05	335	02
WACOGNE-COSTE. . . . . . . Boulogne. . . .	39	57	ô	»	»	02	39	55
WALLET-WULFLAND. . . . . . Rety.	240	»	»	»	»	»	240	»
WATTEL Fils. . . . . Tourcoing. . . .	3884	01	»	»	425	17	3458	84
WACOGNE-VOLANT. . . . . . Boulogne. . . .	11	10	»	»	»	»	11	10
WALL-PREVOST. . . . . Ribemont. . . .	81	37	»	»	»	»	81	37
WARAMBOURG. . . . . Bailleul. . . .	31	15	1	80	»	»	»	»
WALLART-DESMONS. . . . . . Lille.	2	»	»	»	»	»	2	»
WAZIER-LEHEMBRE. . . . . . Cysoing. . . .	502	15	»	»	3	16	498	99
WIBAUX (Florentin). . . . . . Roubaix. . . .	908	34	»	»	4	»	904	34
Total.	192728	10	3540	93	40014	42	149689	11

BALANCE.

192728	10	Montant des sommes dues au 4 déc. 1839. .	Montant des diminutions.	40014	42
3540	93	» » augmentations.	» » sommes reçues.	149689	11
			» » id. restant dues.	6565	50
196269	03			196269	03

RELEVÉ DES SOMMES RESTANT DUES.

ADAM (Aurore)......	Rimogne....	En contestation................	89	35
BOCQUET Sœurs.....	Lille......	Prétendent avoir payé.............	6	60
BLONDOT–DRUEZ.....	Aire.......	Insolvable................	69	90
COUSIN (Louis)......	Saint-Omer...	Idem................	214	»
COFFIGNON Fils.....	Laon......	Contesté.........	3	60
CHARDON.........	Guiscard....	Insolvable................	68	32
COUROUBLE.......	Bondues....	Contesté..............	2	32
CHARPENTIER-RAULIN..	Dom-le-Mesnil..	Insolvable................	455	75
DERVAUX.........	Lille......	Décédé................	4	80
DECLERCQ-MILOT....	Ardres.....	Insolvable................	615	30
DAVIER-LAMARRE....	Guisnes.....	Idem................	73	40
DUMONT-DURIEUX....	Montreuil....	Dit avoir payé au messager.........	6	»
DUFRESNOY.......	Béthune.....	Idem................	10	50
FESTEL-LEMAIRE....	Leuze......	Recherches infructueuses...........	20	25
GAILLARD (Charles)....	Zutkerque....	Insolvable................	776	05
HUBERT-PETIT-JEAN...	Stenay.....	En contestation................	35	»
HERNU-TRUNET.....	Frencq....	Insolvable................	153	35
JACQUEMART......	Monthermé...	En contestation................	35	»
LAMARCHE–DUBOIS....	Hardinghem...	Insolvable................	224	08
LEROY Aîné........	Douai......	Contesté................	32	»
MOBILIER, SUCRE..........		Perdu, Ménard en doit compte.........	1513	50
MANNIER........	Saint-Martin..	Insolvable................	457	31
MARIAGE-GAUTHIER...	Valenciennes...	En contestation................	897	36
MEURICE........	Faub. de Gand..	Il a une contre-prétention..........	38	35
NICOLLE........	Saint-Amand...	Il no doit pas................	41	04
ODOUX-BOURGEOIS....	Tourcoing....	Idem................	2	80
PIGIS–DUCROCQ.....	Boulogne....	Insolvable................	64	75
ROBETTE........	Valenciennes...	Idem................	144	80
RASSENFOSSE......	Hirson.....	Contesté................	2	75
REMOTTE........	Linselles....	Insolvable................	16	40
RUBELIN-CRESPEL....	Lille......	Idem................	63	»
REBOUX, tonnelier....	Lille......	Idem................	17	50
SPREUX (V.e)......	Tournai....	Pour vert de perroquet invendable, chez V.e Morand.	73	57
TERWAGNE........	Paris......	En contestation................	303	85
WARAMBOURG......	Bailleul.....	Insolvable................	32	95
		TOTAL.........	6565	50

Bordereau N.° 2 bis.

CHAPITRE 2 DE L'ACTIF.

DÉBITEURS NOUVEAUX.

Ces Débiteurs naissent des Bordereaux N.° 1, 2, 3, 5 et 8 régularisés, et sur lesquels ils sont portés en déduction.

NOMS ET DOMICILES.	SOMMES DUES.		AUGMENTATION.		DIMINUTION.		SOMMES REÇUES.	
BELLIART Aîné. . . . . Bouchain.. . . .	229	51	»	»	177	31	»	»
CORDIER (F.). . . . . Paris.	145	25	»	»	»	»	»	»
DURAND-DELAPLANCHE.. . . . . Rouen.	11	55	»	»	5	19	6	36
FOURNEL.. . . . . Liége.	144	51	»	»	»	»	»	»
JEANNE , huissier. . . . . Paris.	45	50	»	»	45	50	»	»
MARCHANDISES reçues en payement.	1422	86	»	»	281	34	720	70
MÉNARD , C.te N. . . . . Paris.	24	35	»	»	»	»	»	»
ROUSSEL Frères et REQUILLARD. . Tourcoing. . . .	10	»	»	»	»	»	»	»
TOTAL.	2033	53	»	»	509	34	727	06

CHAPITRE 3 DE L'ACTIF.

DÉBITEURS supposés douteux au 4 décembre 1859.

NOMS ET DOMICILES.	SOMMES DUES.		AUGMENTATION.		DIMINUTION.		MARCHANDISES REÇUES.		SOMMES REÇUES.	
AMOITE. . . . . Houplines. . . .	20	35	»	»	»	»	»	»	»	»
BRACQ. . . . . St.-Quentin. . .	23	»	»	»	»	»	»	»	»	»
BAUFFE Fils. . . . . . Valenciennes. . .	7567	27	»	»	»	»	»	»	»	»
BAUFFE Frères. . . . . Idem.	5896	13	»	»	»	»	1418	26	»	»
BELPALME. . . . . . Bailleul.	48	20	»	»	»	»	»	»	»	»
BODIN (V.e). . . . . . Lille.	18	»	»	»	»	»	»	»	»	»
BENCE. . . . . Arras.	112	60	»	»	»	»	»	»	»	»
BRIMEUX-GUILLEBERT. Lillers.	87	90	»	»	»	»	»	»	»	»
BAR dit GEEREBAERT. . Wazemmes. . .	600	»	»	»	»	»	»	»	»	»
CLASSE Florin. . . . . Tourcoing. . . .	3	»	»	»	»	»	»	»	3	»
COSTE (D.). . . . . . Paris.	335	45	»	»	»	»	»	»	»	»
COURTOT Père. . . . . Arras.	425	95	»	»	»	»	»	»	»	»
COSTE-MAUDUIT. . . . Boulogne. . . .	76	»	»	»	»	»	»	»	»	»
COUPIGNY. . . . . . St.-Omer. . . .	38	85	»	»	»	»	»	»	»	»
CODRON-CRESPEL. . . Idem.	121	20	»	»	»	»	»	»	»	»
COSTIAU. . . . . . . La Folie. . . .	5	91	»	»	»	»	»	»	»	»
TOTAL à reporter.	15379	81	»	»	»	»	1418	26	3	»

NOMS ET DOMICILES.	SOMMES DUES.		AUGMENTATION.		DIMINUTION.		MARCHANDISES REÇUES.		SOMMES REÇUES.	
Report d'autre part.	15379	81	»	»	»	»	1418	26	3	»
CHARPY. . . . . . . Lille.	187	20	»	»	»	»	»	»	»	»
COCHETEUX-SÉGAR . . Roubaix. . . .	182	85	»	»	»	»	»	»	»	»
CHAPUT (V.ᵉ) Héritiers. . Calais.	890	95	»	»	»	»	»	»	»	»
DEFRANCE. . . . . . Pont-de-Canteleu.	»	62	»	»	»	»	»	»	»	»
DELRUE-DUQUESNE. . Roubaix. . . .	8	30	»	»	»	»	»	»	8	30
DELRUE (A.). . . . . Bailleul.	1156	05	»	»	982	65	»	»	173	40
DUFOREST ᴇᴛ DEWITTE. Roubaix. . . .	5433	45	»	»	5043	45	»	»	390	»
DELBARRE-TORCQ (V.ᵉ). Esquermes. . .	8507	63	»	»	»	»	»	»	»	»
DUYCK. . . . . . . Wazemmes. . .	1532	90	»	»	»	»	»	»	»	»
DATHIS-BRAME (A.) . . Lille.	513	05	»	»	»	»	»	»	»	»
DELETOILE. . . . . . Idem.	2	25	»	»	»	»	»	»	»	»
DEROY-GOUVION. . . . Denain.	15	»	»	»	»	»	»	»	»	»
DOUCHET. . . . . . . St.-Martin. . .	104	64	»	»	»	»	»	»	»	»
DOUA-LABBÉ. . . . . Cambrai. . . .	65	»	8	90	25	»	»	»	48	90
DUMONT-BATELIER. . Bateaux accélérés	47	»	»	»	47	»	»	»	»	»
DESTREZ (Courtier). . . Lille.	18	75	»	»	18	75	Diminués sur sa créance.			
DUBOIS (A.) ᴅɪᴛ DANIEL. Idem.	420	»	»	»	»	»	»	»	»	»
DELCOUR-CAMPION. . Tourcoing. . . .	157	46	»	»	157	46	»	»	»	»
FÉRIEZ. . . . . Lille.	»	38	»	»	»	»	»	»	»	»
FIÉVET-LEVALLEUX. . Idem.	3	35	»	»	»	»	»	»	»	»
FYTEN (V.ᵉ). . . . . . Hazebrouck. . .	275	47	»	»	»	»	»	»	»	»
FLEURY-LELONG. . . St.-Amand. . .	6	67	»	»	»	»	»	»	6	67
FONDRINOY-FORGET. . Péronne. . . .	128	42	»	»	»	»	»	»	»	»
FOULON. . . . . . . Vendeuil. . . .	12	27	»	38	»	»	»	»	12	65
FAUDON (R.). . . . . Le Havre. . . .	10091	07	»	»	»	»	»	»	»	»
GRAUX Fɪʟs. . . . . . St.-Quentin. . .	431	55	»	»	»	»	»	»	»	»
GRIVEL ᴇᴛ C.ᵉ. . . . . Auchy lez-Hesdin.	237	60	»	»	»	»	»	»	»	»
GAY-BONNET. . . . . Boulogne. . . .	113	81	»	»	»	»	»	»	»	»
HERNU. . . . . Idem.	242	60	»	»	»	»	»	»	»	»
HERBAUX (Messager). . Douai.	50	90	»	»	»	»	»	»	»	»
LEMÉE. . . . . Wazemmes. . .	100	»	»	»	100	»	»	»	»	»
LAMBERT. . . . . . . Menin.	14	»	»	»	»	»	»	»	»	»
TOTAL *à reporter*.	46331	»	9	28	6374	31	1418	26	642	92

NOMS ET DOMICILES.	SOMMES DUES.		AUGMENTATION.		DIMINUTION.		MARCHANDISES REÇUES.		SOMMES REÇUES.	
Report d'autre part.	46331	»	9	28	6374	31	1418	26	642	92
LEMAIRE-DELANGRE. . Orchies.	10	»	»	»	»	»	»	»	10	»
LESENNE (H.te). . . . Arras.	1292	38	»	»	»	»	»	»	»	»
LAFERE. . . . . . . Morbecq. . . .	77	15	»	»	»	»	»	»	»	»
LOTTEAU. . . . . . Marly.	221	60	»	»	»	»	»	»	»	»
LEBLANC. . . . . . Cambrai. . . .	1048	35	»	»	681	43	»	»	366	92
MAUBOURG (Frédéric). . St-Amand. . . .	21	85	»	»	»	»	»	»	»	»
MARIE-HENNO. . . . . Lille.	85	»	»	»	»	»	»	»	85	»
MILLOT. . . . . . . Valenciennes. .	467	63	»	»	»	»	»	»	»	»
MARICHEZ. . . . . Aire	167	11	»	»	»	»	»	»	»	»
MOREL–HACHIN. . . . Lille.	773	11	»	»	»	»	»	»	»	»
MAUGAS (Ferd.). . . . Paris.	24702	10	»	»	20156	95	»	»	4545	15
MÉNARD (C. A.). . . . Idem.	170835	17	92948	47	85645	50	»	»	9297	66
NOEL–FRIOCOURT. . . Etaples.	193	73	»	»	»	»	»	»	25	»
PINART-DUCATEL. . . Boulogne. . . .	146	34	»	»	»	»	»	»	»	»
PIGIS–DUVAL. . . . . Idem.	288	14	»	»	»	»	»	»	»	»
PIERRE. . . . . Paris.	150	»	»	»	»	»	»	»	»	»
QUENAUDON Père. . . . Rimogne. . . .	508	97	»	»	»	»	»	»	»	»
QUENAUDON Fils. . . . Maubert-Fontaine. .	307	72	»	»	»	»	»	»	»	»
RAGAINE–DEWILDER. . Watten.	501	53	»	»	»	»	»	»	»	»
SION. . . . . Roubaix. . . .	57	98	»	»	»	»	»	»	»	»
SUJOL, chez Leclercq . . Hirson.	159	35	»	»	»	»	»	»	»	»
TOUSSAINT. . . . . . Cambrai. . . .	351	90	»	»	»	»	»	»	»	»
TURPIN-BILLAU. . . . Bailleul.	21	50	»	»	11	50	»	»	10	»
TRINELLE. . . . . . Armentières . .	754	65	»	»	»	»	»	»	»	»
VITOUT Fils. . . . . . Douai.	53	55	»	60	»	»	»	»	»	»
VANDERDONCK. . . . Lille.	88	40	»	»	»	»	»	»	»	»
VOREAU-LAMBORION. . Voulpaix. . . .	63	25	»	»	»	»	»	»	»	»
VAVASSEUR dit LAMY . Paris.	50	»	»	»	»	»	»	»	»	»
Total.	249729	46	92058	35	112869	69	1418	26	14982	65

Bordereau $\mathcal{N}.^{o}$ 4.

CHAPITRE 4 DE L'ACTIF.

PORTEFEUILLE au 4 décembre 1859.

OBLIGÉS.	N.os des EFFETS.	MONTANT.		RÉDUCTION.		PASSÉS AU COMPTE des EFFETS DOUTEUX.		SOMMES REÇUES.	
DEBAS ET RIVAGE Fils. . . . . . Saint-Quentin. .	1	83	40	»	»	»	»	83	40
. . . . Caligny.	2	126	»	»	»	»	»	126	»
. . . . Aunay.	3	364	».	»	»	»	»	364	»
CRÉPY (B.). . . . . Lille.	4	136	»	»	»	»	»	136	»
César WACRENIER. . . . . . . Idem.	5	4	15	»	»	»	»	4	15
THIBAUT. . . . , ... Idem.	6	259	»	»	»	»	»	259	»
BRIASTRE-COLLART. . . . . . Au Câteau. . . .	7	233	75	»	»	»	»	233	75
PICAVEZ. . . . . Lille.	8	336	89	»	»	»	»	336	89
Charles DELATTRE. . . . . . . Idem.	9	382	»	»	»	»	»	382	»
BRULOT-INGLEMENT . . . . . Château-Villin. .	10	500	»	»	»	»	»	500	»
MARTIN—LEPRINCE. . . . . . . Ceray-Belle-Étoile. .	11	158	20	»	»	»	»	158	20
RENARD. . . . . Calais.	13	61	38	»	»	»	»	61	38
DELHOMEL-HAVEZ. . . . . . . Montreuil. . . .	14	96	48	»	»	»	»	96	48
PAHORY. . . . . Besançon. . . .	15	45	75	»	»	»	»	45	75
DAUCHEL ET DAVID. . . . . . Paris.	16	162	15	»	»	»	»	162	15
THIBERGHIEN. . . . . Roubaix.	17	500	»	150	»	»	»	350	»
IDEM. . . . . Idem.	18	100	»	»	»	»	»	100	»
TOTAL à reporter.	. . .	3549	15	150	»	»	»	3399	15

OBLIGÉS.	N.os des EFFETS.	MONTANT.		RÉDUCTION.		PASSÉS AU COMPTE des EFFETS DOUTEUX.		SOMMES REÇUES.	
Report d'autre part.	. . . .	3549	15	150	»	»	»	3399	15
LES HÉRITIERS GRESSIERS. . . . Montreuil. . . .	20	1259	73	»	»	»	»	1259	73
ʼRIESSENSTAHL. . . . . Dunkerque.. . .	21	87	75	»	»	»	»	87	75
IDEM. . . . . Idem.	22	61	21	»	»	»	»	61	21
DELEBECQ. . . . . Armentières. . .	23	100	»	»	»	»	»	100	»
CORDIER (A.). . . . . Paris.	24	1000	»	»	»	1000	»	»	»
FALLY. . . . . Oisy.	26	77	50	»	»	»	»	77	50
DEVEY. . . . . Renescure.. . .	27	360	15	»	»	»	»	360	15
BILLET. . . . . Lille.	28	1431	43	»	»	»	»	1431	43
VERSCHAVE Jeune. . . . . . . Idem.	29	100	»	15	»	»	»	85	»
DELBECQ. . . . . Armentières. . .	31	100	»	»	»	»	»	100	»
IDEM. . . . . Idem.	32	100	»	12	50	»	»	87	50
VERSCHAVE Jeune. . . . . . . Lille.	33	80	»	20	»	»	»	60	»
IDEM. . . . . Idem.	34	100	»	23	50	»	»	76	50
IDEM. . . . . Idem.	35	100	»	23	50	»	»	76	50
DEROUBAIX–CRÉPÉ. . . . . . . Idem.	37	99	12	»	»	99	12	»	»
BOURDON ET QUENAUDON. . . . Maubert-Fontaine..	51	100	»	»	»	100	»	»	»
MARTIN. . . . . Paris.	50	25	20	»	»	25	20	»	»
BOURDON ET QUENAUDON. . . . Maubert-Fontaine..	52	100	»	»	»	100	»	»	»
IDEM. . . . . Idem.	53	100	»	»	»	100	»	»	»
IDEM. . . . . Idem.	54	100	»	»	»	100	»	»	»
DELBECQ. . . . . Idem.	55	150	»	»	»	150	»	»	»
BOURDON ET QUENAUDON. . . . Idem.	56	100	»	»	»	100	»	»	»
IDEM. . . . . Idem. . . .	57	100	»	»	»	100	»	»	»
COSAS. . . . . Lille.	»	60	»	»	»	60	»	»	»
TOTAL GÉNÉRAL.	. . . .	9441	24	244	50	1934	32	7262	42

CHAPITRE 5 DE L'ACTIF.

PORTEFEUILLE (supposé douteux au 4 décembre 1839).

OBLIGÉS.	N.os des EFFETS.	PRINCIPAL.		PRINCIPAL ET FRAIS.		RÉDUCTIONS.		SOMMES REÇUES.	
PROTESTÉS.									
CORDIER (A.). . . . . Paris.	»	1169	»	1191	09	Compris dans le compte de C.-A.			
GIRARD.	»	2000	»	2064	64	Ménard et admis à son passif.			
CORDIER.	»	500	»	516	60	169	60	347	»
DOUTEUX.									
LEBLANC ET SA FEMME. . . . . Cambrai.	36	850	»	850	»	»	»	»	»
CAHOURS. . . . . Paris.	38	7000	»	7000	»	»	»	»	»
IDEM. . . . . Idem.	39	7500	»	7500	»	»	»	»	»
IDEM. . . . . Idem.	40	8500	»	8500	»	»	»	»	»
MÉNARD. . . . . Idem.	41	6570	85	6570	85	»	»	»	»
HINNING. . . . . Wimille	42	25	»	25	»	»	»	»	»
LEFEBVRE-GALLE. . . . . . . Bergues.	43	56	30	56	30	»	»	»	»
FIERIN-CARLES. . . . . Valenciennes.. .	44	180	60	180	60	»	»	»	»
DECOUSSER. . . . . Cassel.	45	70	»	70	»	»	»	70	»
MEURICE-BELLENGAULE.. . . . Amiens.	46	175	»	175	»	»	»	»	»
POLLET-GLISSOUS. . . . . . . Lille.	47	1885	15	1885	15	»	»	»	»
COURTOT. . . . . Arras.	48	200	»	200	»	»	»	»	»
DENY. . . . . Menin.	49	14	50	14	50	»	»	»	»
TOTAL *à reporter*.	. . . .	36696	40	36799	73	169	60	417	»

OBLIGÉS.	N.os des EFFETS.	PRINCIPAL.		PRINCIPAL ET FRAIS.		RÉDUCTIONS.		SOMMES REÇUES.	
Report d'autre part	. . .	36696	40	36799	73	169	60	417	»
EFFETS retirés du Bordereau N.º 4,									
DEROUBAIX-CRÉPÉ . . . . . . Lille	37	99	12	99	12	»	»	»	»
MARTIN . . . . Paris	50	25	20	25	20	»	»	»	»
BOURDON ET QUENAUDON . . . Maubert-Fontaine . .	51	100	»	100	»	»	»	»	»
IDEM . . . . Idem	52	100	»	100	»	»	»	»	»
IDEM . . . . · . . Idem	53	100	»	100	»	»	»	»	»
IDEM . . . . Idem	54	100	»	100	»	»	»	»	»
DELBECQ . . . . Lille	55	150	»	150	»	»	»	»	»
BOURDON ET QUENAUDON . . . Maubert-Fontaine . .	56	100	»	100	»	»	»	»	»
IDEM . . . . Idem	57	100	»	100	»	u	»	»	»
CORDIER (A.) . . . . Paris	24	1000	»	1000	»	»	»	»	»
COSAS . . . . Lille . . · . . .	»	60	»	60	»	»	»	»	»
Total général	. . .	»	»	38734	05	169	60	417	»

Bordereau N.° 6.

CHAPITRE 11 DE L'ACTIF.

ABANDON de M.me V.e TESTELIN.

DÉSIGNATION DES PROPRIÉTÉS.	ESTIMATION.		BÉNÉFICE.		PERTE.		SOMMES REÇUES	
MAISON A TOURCOING, 3/4.	22500	»	324	51	»	»	22824	51
IDEM A LILLE, 1/2.	60000	»	»	»	10989	26	49010	74
PROPRIÉTÉ A PÉRONNE, 1/2.	8000	»	»	»	1821	89	6178	11
IDEM A MARCQ, 1/2.	1000	»	229	33	»	»	1229	33
IDEM A MARQUILLIES, 1/2.	46000	»	9731	72	»	»	55731	72
IDEM A HELLEMMES, totalité..	48000	»	10614	37	»	»	58644	37
	185500	»	20899	93	12811	15	193588	78

Bordereau N.° 7.

CHAPITRE 16 DE L'ACTIF.

MARCHANDISES EN CONSIGNATION vendues par la liquidation.

NOMS DES ACHETEURS.	MONTANT DES VENTES.		AUGMENTATION.		DIMINUTION.		SOMMES REÇUES.	
INCONNU.	24	60	»	»	»	»	24	60
COUTEAU. . . . . Lille.	2	80	»	»	»	20	2	60
VILLETTE et DEHARVENGT. . . . . Idem.	113	30	»	»	9	60	106	70
	3	»						
BAILLEUX-BONNIER. . . . . Idem.	93	50	»	»	»	»	152	88
	56	88						
	2	50						
VAN DONGHEN (Joseph). . . . . . . Idem.	2	80	»	»	»	08	2	72
DUHEM, architecte. . . . . Idem.	6	40	»	»	»	»	6	40
DUBOIS Fils (H.'). . . . . Idem.	1	»	»	»	»	»	1	»
TOTAL.	306	78	»	»	9	88	296	90

CHAPITRE 17 DE L'ACTIF.

RECETTES DIVERSES.

De HENNERON, en ville, pour articles qui n'ont pas été portés à son débit antérieurement à la suspension..................	145	50
De POHLS et LOMER, de Bordeaux, pour remboursement de frais à cinq barriques roucou, revendiquées..................	88	70
De H. LABBE et Fils, en ville, pour un baril céruse à eux vendu, provenant d'un laissé pour compte par V.ᵉ FIEVET, de Boulogne..............	64	10
De BILLET, à Esquermes, pour intérêt.................	17	50
De DELBECQ, d'Armentières, pour remboursement de frais de protêt............	8	10
De HUMBERT–DRINO, en ville, pour intérêt...............	112	55
Idem, id., id................	2	30
Idem, id., id................	14	73
Idem, id., id................	76	47
De V.ᵒʳ DELGUTTE, en ville, pour vente de bois provenant d'un manége qui était resté dans ses magasins et que les Débiteurs avaient reçu en paiement avant leur suspension, déduction faite de magasinage...............	40	»
De JONGLEZ, de Tourcoing, pour intérêt..............	12	72
De SAULTOIS, en ville, pour articles dont il n'a pas été débité antérieurement à la suspension.	29	90
De LANCELOT, à Péronne, pour deux barils céruse qu'il avait laissés pour compte antérieurement à la suspension, dont il avait été crédité, repris par lui par transaction........	200	»
De la faillite VILLETTE, pour solde d'une créance de F. 13,298 10, non comprise dans l'actif du 4 décembre 1839, les titres dont elle se composait se trouvant à Paris, ce que les commissaires liquidateurs ignoraient.................	889	17
De M. ANSOULT, notaire, à Brionne, pour rendage et intérêt des acquéreurs des propriétés de Ménard, vendues par lui.............	732	»
Fr.	2433	74

CHAPITRE 1.er DU PASSIF.

CRÉANCIERS CONNUS au 4 décembre 1839.

NOMS ET DOMICILES.	NATURE des CRÉANCES.	SOMMES DUES.	AUGMEN- TATION.	DIMINUTION.	REMISES obtenues.	PAIEMENS par privilége ou transaction.
AROUX (A.). . . . . . . Rouen. . . .	Titres. . . .	4347 85	» »	» »	» »	» »
ASOU. . . . . Douai	c.te courant.	45 24	» »	» »	» »	» »
AUBERT. . . . . . . Saint-Quentin.	Idem. . .	64 17	» »	» »	» »	» »
AMELINE. . . . . Paris.	Idem. . . .	111 50	» »	» »	» »	» »
ADAM (Alex.) et C.e. . . Boulogne. . .	Idem. . . .	5265 16	71 04	» »	» »	» »
BLANC. . . . . Orchies. . . .	Titre. . . .	2000 »	74 16	» »	» »	» »
BAUDRY (H.ri). . . . . Lille.	Idem. . . .	1600 »	» »	» »	600 »	1000 »
BÉCU (A.). . . . . . . Idem.	Idem. . . .	6000 »	» »	» »	» »	» »
BIART (F.). . . . . . . Anvers. . . .	Idem. . . .	60000 »	1553 10	14528 75	» »	» »
BLACQUE, CERTAIN ET DROUILLARD. Paris	Idem. . . ⎰ c.te courant ⎱	9467 70 ⎱ 1773 20 ⎰	50 75	1800 »	5220 41	4271 24
BELLIART ainé. . . . . Bouchain. . .	Idem . . .	47 34	» »	47 34	Diminués sur son débit.	
BAILLEUX-BONNIER. . . Lille.	Idem . . .	674 82	6211 47	» »	» »	» »
BOUHEZ. . . . . Douai.	Idem. . . .	97 89	11 26	» »	» »	» »
BALGUERIE et C.e. . . . Hâvre.	Idem. . . .	918 85	68 85	» »	» »	» »
BERGERAT et LETELLIER et C.e.. Paris.	Idem . . .	154 95	2 20	» »	» »	» »
BERNARD-CABANON et fils Rouen. . . .	Idem. . . .	842 65	» »	» »	» »	» »
BRETON, ROUSSEAU et BARAULT.. Paris.	Idem. . . .	96 »	» »	» »	» »	» »
BOURDON et C.e.. . . . Dunkerque.. .	Idem . . .	74 35	8 75	» »	» »	» »
TOTAL à reporter.		93581 67	8051 58	16376 09	5820 41	5271 24

NOMS ET DOMICILES.	NATURE des CRÉANCES.	SOMMES DUES.	AUGMENTATION.	DIMINUTION.	REMISES obtenues.	PAIEMENS par privilége ou transaction.
Report d'autre part.	. . . . .	93581 67	8051 58	16376 09	5820 41	5271 24
CUVELIER (C.). . . . . Lille.	Titre. . . .	4000 »	» »	» »	» »	» »
CLOUET Frères et C.e. . . Paris.	Idem . . .	702 85	» »	» »	82 05	620 80
CATHEUX (J.). . . . . Idem. . . .	c.te courant.	280238 32	9529 72	289768 04	» »	» »
	Titres. . .	9000 »				
COURVOISIER (A.te) et C.e Hambourg . .	Idem. . .	6722 95	13 85	» »	» »	» »
Copreaux-Batteur (V.e), . . Lille.	Idem . . .	3000 »	21 35	» »	» »	» »
CARNAIN ET DIGAND. . Idem.	c.te courant.	139 79	14 55	» »	» »	» »
COUSTENOBLE. . . . . Idem.	Idem . . .	1 75	» »	» »	» »	» »
CHERUBIN. . . . . . Maing. . . .	Idem . . .	32 75	» »	» »	» »	» »
Cottignies-Waresquelle (V.e). Lille.	Titres. . .	26000 »	84 59	» »	» »	» »
CAMUS (Ch.). . . . . . Paris.	c.'e courant.	1519 »	» »	» »	» »	» »
CATTEAU-WATTEL et C.e Anvers. . . .	Idem . . .	555 98	12291 90	7087 81	» »	» »
Cart (H.) et Mistrezat et C.e. Bordeaux. . .	Idem . . .	80 60	» »	» »	» »	» »
CASTEELS (V.e). . . . . Bruxelles. . .	Idem . . .	185 22	» »	» »	» »	» »
CHEVALIER (J.). . . . . Havre. . . .	Idem . . .	33 62	» »	» »	» »	» »
CARRÉ ET NEPVEU. . . Rouen. . . .	Idem . . .	325 70	» »	» »	» »	» »
CAVROY-LEBRUN. . . . Arras	Idem.. . .	145 50	» »	» »	» »	» »
Cuvelier-Brame Fils (H.ri). . Lille.	Idem . . .	2976 57	» »	9 16	» »	» »
Dervaux-Thiberghien (V.e). . Roubaix. . .	Titres. . .	3500 »	» »	» »	» »	» »
DEVILLEBLANCHE. , . . Boulogne. . .	Idem . . .	5000 »	200 »	92 »	» »	» »
DUBOIS Fils (H ri). . . . Lille.	Idem . . .	6000 »	» »	» »	» »	» »
DECROIX.. . . . . . . Idem.	Idem . . .	13000 »	» »	» »	» »	» »
DEGAND (H.ri). . . . . Idem	c.te courant.	108 »	3353 20	1015 21	» »	» »
	Titres. . .	3400 »				
DUBOIS-CHUFFART. . . Idem.	Idem . . .	3000 »	» »	» »	» »	» »
DUPONCHEL. . . . . . Dunkerque. .	c.te courant.	1427 40	1174 41	19 49	» »	» »
	Titres. . .	5000 »				
IDEM. . . . . Idem. . . .	privilége. .	1640 »	» »	» »	» »	1640 »
		471317 67	» »	» »	» »	» »
IDEM. . . . . Idem.	redressem.t	1640 »	» »	» »	» »	» »
		469677 67	» »	» »	» »	» »
DESCARPENTRIS. . . . Lille.	Titres. . .	1200 »	» »	» »	» »	» »
Total à reporter.	. . . .	470877 67	34735 15	314307 80	5902 46	7532 04

NOMS ET DOMICILES.	NATURE des CRÉANCES.	SOMMES DUES.		AUGMEN-TATION.		DIMINUTION.		REMISES obtenues.		PAIEMENS par privilége ou transaction.	
Report d'autre part.	. . . . . .	470877	67	34735	15	314307	80	5902	46	7532	04
DUBOS.	Rouen. . . .	Titres. . .	30000	»	710	99	39	80	»	»	»	»
DEFASQUE ET LASSON. .	Lille.	c.te courant.	45	33	»	»	»	»	»	»	45	33
DELMAZURE ET JOIRE. .	Armentières. .	c.te courant.	42	97	»	»	»	»	»	»	»	»
DUFOUR-LAURENT. . . .	Lille.	Idem . . .	17	45	54	05	»	»	»	»	71	50
DAMMAN.	Merville. . . .	Idem . . .	200	»	»	»	147	20	»	»	»	»
DEMONCHY.	Carvin. . .	Idem . . .	1	»	»	»	»	»	»	»	»	»
Dubreuille et Defuite. . . .	Grand-Wignies. .	Idem . . .	57	86	»	»	»	»	»	»	»	»
Durand-Delaplanche et C.e. .	Rouen. . . .	Idem . . .	5	19	»	»	5	19	Diminués sur leur débit.			
DANIEL-DURAND. . . .	Paris.	Idem . . .	1076	95	»	»	»	»	»	»	»	»
DAVAL (J.-C.) et C.e. . .	Bordeaux. . .	Idem . . .	1343	80	147	25	887	35	»	»	»	»
DEBOTAS et C.e.	Idem. . . .	Idem . . .	373	10	»	»	»	»	»	»	»	»
FAUDON et C.e.	Hàvre. . . .	Titres. . .	14514	90	140	39	6211	05	»	»	»	»
FAURE (L.).	Wazemmes. .	c.te courant.	8332	72	722	25	»	»	»	»	»	»
FAVREL (Aug.te) et C.e. .	Paris. . . .	Idem . . .	522	70	»	»	47	»	»	»	»	»
Frères DELAFOSSE. . . .	Rouen. . . .	Idem . . .	934	40	»	»	»	»	»	»	»	»
GIRARD.	Lille.	Titres. . .	16000	»	106	»	»	»	»	»	»	»
GOUVINION et C.e, à Trith-St.-Léger, main-tenant L. DUPONT. . .	Valenciennes.	Idem . . .	1905	»	»	»	»	»	»	»	»	»
Guillot (A.) et Wattement. .	Hàvre. . . .	Idem . . .	34785	95	»	»	4785	95	»	»	»	»
GRARD-COUSIN.	Lille.	c.te courant.	786	77	»	»	194	»	72	54	520	23
GALHAUT.	Amiens. . .	Idem . . .	866	97	»	»	»	»	»	»	»	»
Gandolphe (J.-J.) et C.e. .	Paris. . . .	Idem . . .	392	49	7	79	»	»	»	»	»	»
Gardin (G.) et Berthien. . .	Idem . . .	Idem . . .	101	95	»	»	»	»	»	»	»	»
Gauthier et Dherbecourt. .	Idem. . . .	Idem . . .	645	60	»	»	»	»	»	»	»	»
GUISSET-SAPIN.	Esquermes. . .	Idem . . .	372	48	»	»	»	»	»	»	»	»
HET-BONTE.	Lille.	Titres. . .	1000	»	»	»	»	»	»	»	»	»
Hurier Frères et Bruxel. . .	Chailvet. . .	c.te courant.	4664	67	191	55	»	»	»	»	»	»
Hallez et Fils (V.e F.-X.) .	Hagueneau. .	Idem . . .	184	50	13	43	»	»	»	»	»	»
Hamoir-Senal et Dubrunfaut.	Valenciennes.	Idem . . .	77	80	»	»	»	»	»	»	»	»
HUILLARD Frères. . . .	Paris. . . .	Idem . . .	1770	35	»	»	»	»	»	»	»	»
HOUDRON (E.).	Idem. . . .	Idem . . .	174	60	»	»	»	»	»	»	»	»
IMER Frères.	Marseille. .	c.te courant.	1700	72	»	»	»	»	»	»	»	»
JOUET Frères.	Paris	Idem. . .	73	55	»	»	»	»	»	»	»	»
		Titres. . .	3000	»	»	»	»	»	»	»	»	»
Total à reporter.	. . . .	596849	44	36828	85	326625	34	5975	»	8169	10

NOMS ET DOMICILES.	NATURE des CRÉANCES.	SOMMES DUES.	AUGMENTATION.	DIMINUTION.	REMISES obtenues.	PAIEMENS par privilége ou transaction.
Report d'autre part	. . . . . .	596849 44	36828 85	326625 34	5975 »	8169 10
KUHLMANN Frères. . . . Lille.	c.ᵗᵉ courant.	4244 74	73 23	» »	» »	» »
LEURS (H.ʳⁱ). . . . . . . Saint-Omer. .	Idem. . .	47 84	» »	15 »	» »	» »
LEFEBVRE-SMET (J.ʰ V.ᶜ). Lille.	Titres. . .	4000 »	» »	» »	» »	» »
LEFEBVRE-VIDAL et C.ᵉ. Havre. . . .	Idem. . . .	108163 50	122 20	» »	» »	» »
LORTHIOIS-DEBUINE. . . Tourcoing.	Loyer. . .	790 95	» »	790 95	» »	» »
LELEU, relayeur. . . . . »	Dépôt. . .	75 »	» »	» »	» »	» »
LEBLON–DANSETTE. . . Armentières. .	c.ᵗᵉ courant.	89 48	» »	» »	» »	» »
LEFEBVRE Fils. . . . . Lille.	Idem. . . .	10 95	» »	» »	» »	» »
LELONG-DURIEZ. . . . Tourcoing..	Idem. . . .	5627 99	75 40	870 44	1832 95	3000 »
LEROUX, voyageur. . . . Lille.	Appoint.ᵗ. .	332 64	» »	» »	» »	332 64
LABBE (H.ʳⁱ) Fils. . . . . Idem.	Idem. . . .	926 98	» »	» »	» »	926 98
LACAN (E.) et C.ᵉ. . . . Valenciennes..	c.ᵗᵉ courant.	59 71	» »	» »	» »	» »
L'HUINTRE-LEGRAS. . . Rouen. . . .	Idem. . . .	2554 85	» »	» »	» »	» »
Levaillant et Schulz. . . . Paris.	Idem. . . .	356 15	» »	» »	» »	» »
LOYER (F.). . . . . . . Idem.	Idem. . . .	9 »	» »	» »	» »	» »
LEFEBURE. . . . . . . Idem.	Idem. . . .	776 40	» »	» »	» »	» »
MORACHE (M.ᵐᵉ).. . . . Lille.	Privilége. .	18750 »	2356 40	586 90	» »	20519 50
MAHIEU-VASSEUR.. . . Idem.	Titres. . .	10000 »	» »	» »	» »	» »
MALFAIT (Sérap.) V.ᵉ. . Idem.	Idem. . . .	37500 »	» »	» »	» »	» »
MEURISSE. . . . . . . Valenciennes .	c.ᵗᵉ courant.	50 »	» »	50 »	» »	» »
MALFAIT (N.). . . . . . Roubaix. . .	Idem. . . .	128 99	45 »	24 14	» »	» »
OBIN (L.). . . . . Lille.	Titres. . .	10000 »	» »	» »	» »	» »
Odelan (E.) et Brabant Fr. . Idem.	c.ᵗᵉ courant,	865 55	368 80	» »	» »	» »
OPPERMANN. . . . . . Paris.	Idem. . . .	21847 41	319 5	» »	» »	» »
PODEVIN. . . . . Saint-Omer. .	Idem. . . .	3 80	» »	» »	» »	» »
Prenpain (E.) et A. Morel. . Paris.	Idem. . . .	731 10	» »	» »	» »	» »
POHLS ET LOMER. . . . Bordeaux. .	Titres. . .	2315 95	» »	2315 95	Revendication.	
POLLET (Aimé.). . . . . Lille.	Idem. . . .	58000 »	181 60	» »	» »	» »
PORION. . . . . Saint-Omer. .	c.ᵗᵉ courant.	32 73	» »	» »	» »	» »
POITEVIN (Aîné). . . . . Rumigny. . .	Idem. . . .	1471 19	» »	» »	» »	» »
PROTAIS. . . . . Paris.	Idem. . . .	8 57	» »	» »	« »	» »
PAGNY (Ch.) et C.ᵉ. . . . Idem.	Idem. . . .	441 54	2 25	» »	» »	» »
QUÉVREMONT. . . . . Rouen. . . .	Titres.. . .	56000 »	197 20	» »	» »	» »
Total à reporter	. . . . . .	943062 45	40569 98	331278 72	7807 95	32948 22

NOMS ET DOMICILES.	NATURE des CRÉANCES.	SOMMES DUES.		AUGMENTATION.		DIMINUTION.		REMISES obtenues.		PAIEMENS par privilége ou transaction	
Report d'autre part.	. . . .	943062	45	40569	98	331278	72	7807	95	32948	22
QUEULAIN (Aîné). . . . . Cambrai. . .	c.te courant.	20	»	»	»	20	»	»	»	»	»
ROBIN et C.e . . . . . . Hâvre. . . .	Titres. . .	5914	25	43	44	21	95	»	»	»	»
ROHART (E.). . . . . Wazemmes. .	Idem. . . .	7000	»	»	»	»	»	»	»	»	»
RIGAUT-WERQUIN. . . Lille. . . .	Idem. . . .	2000	»	»	»	»	»	»	»	»	»
REGNAULT-FLAMEN. . . Idem. . . .	Idem. . . .	2000	»	»	»	»	»	»	»	»	»
ROUX et C.e . . . . . . Paris	Idem. . . .	15000	»	6	85	»	»	»	»	»	»
RIDEZ-DELMER. . . . Lille.	c.te courant.	62	»	»	»	»	»	»	»	62	»
RIETWEGER Fils. . . . Bruxelles. . .	Idem. . . .	104	82	6	84	»	»	»	»	»	»
REGODT Fils Aîné. . . . Dunkerque. .	Idem. . . .	13	41	»	»	»	»	»	»	»	»
REULEAUX Fils (J.-L.). . Liége. . . .	Idem. . . .	279	43	»	»	»	»	27	94	251	49
RIEDENGER. . . . . . . Cologne.. . .	Idem. . . .	50	76	»	»	»	»	»	»	»	»
SIX (J.-F.). . . . . . . Lille.	Idem. . . .	3426	40	60	43	»	»	»	»	»	»
SIMON-DUVAL. . . . . Paris. . . .	Idem. . . .	203	92	»	»	»	»	»	»	»	»
SABATIÉ ET LANDRIN. . Idem. . . .	Idem. . . .	3355	40	1233	95	»	»	»	»	»	»
Scheppers et Alb. Parent. . Givet. . . .	Idem. . . .	8203	82	575	12	»	»	»	»	»	»
TAFFIN. . . . . Arras	Idem. . . .	4	97	»	»	»	»	»	»	»	»
TRIPIER Frère. . . . . Lille.	Idem. . . .	2	60	»	»	»	»	»	»	»	»
TESTELIN Fils. . . . . Idem. . . .	Privilége. .	56250	»	23289	50	1627	39	»	»	77912	11
VERMEESCH (C.t). . . . Idem. . . .	»	335	09	»	»	»	»	»	»	»	»
Van Capelle Fils (V.e). . . Idem. . . .	Titres.. . .	4000	»	»	»	»	»	»	»	»	»
VIEU ET RIETMANN. . . Bordeaux. .	c.te courant.	2170	50	119	40	1748	20	»	»	»	»
IDEM. . . . . Idem. . . .	Titres. . .	3000	»					»	»	»	»
VAN DRUNEN (Jean). . . Hâvre. . . .	Idem. . . .	10000	»	68	85	»	»	»	»	»	»
VALPINÇON (Ed.). . . . Paris.	c.te courant.	52	74	»	»	»	»	»	»	»	»
WACRENIER (V.e). . . . Lille.	Titres. . .	4000	»	»	»	»	»	»	»	»	»
WATTRIPONT. . . . . Idem. . . .	Idem. . . .	2000	»	»	»	»	»	»	»	»	»
WICART-DUFOUR. . . . Idem. . . .	c.te courant.	2	20	»	»	»	»	»	»	»	»
WARESQUELLE (J.-B.). . Idem. . . .	Idem. . . .	3688	2	»	»	»	»	»	»	»	»
WITTERSHEIM et C.e.. . Paris. . . .	Idem. . . .	2745	10	10000	»	550	»	»	»	»	»
IDEM. . . . . Idem. . . .	Titres. . .	21000	»					»	»	»	»
WAGNER ET GARNIER. . Idem. . . .	Idem. . . .	829	40	»	»	»	»	»	»	»	»
Total général.	. . . .	1100777	28	75974	36	335246	26	7835	89	111173	82

Bordereau N.º 10.

CHAPITRE 2 DU PASSIF.

CRÉANCIERS INCONNUS au 4 décembre 1839.

NOMS ET DOMICILES.	NATURE des CRÉANCES.	SOMMES DUES	AUGMENTATION.		DIMINUTION.		REMISES obtenues.	SOMMES payées.	
BOTTIER (G.) et C.º . . . . Rouen . . .	Échantillons. .	677 40	»	»	»	D	»	» 677	40
BLANCHO, courtier . . . . . Lille	Courtage. . .	124 70	»	»	D	»	»	» D	»
BRABANT-HUREZ et Fils. . Cambrai.. .	Intérêts.. . .	127 84	»	»	63	67	»	» 64	14
Charpentier-Van Isseghem... Lille	Endossement .	7722 68	»	»	»	D	»	» »	»
DEMAISON Frères. . . . . Charleville. .	Intérêt. . . . / Endossement .	31 06 / 2085 44	»	»	176	16	»	» »	»
DURIEUX (Alex.). . . . . . Lille	Courtage. . .	131 25	»	»	»	»	»	» »	»
DEGEUSER (H.). . . . . . Idem	Idem.	89 34	»	»	»	»	»	» »	»
DEMONDÉSIR (Casimir.). . . Idem	Endossement .	1289 95	»	»	»	»	»	» »	»
DUCHAUFOUR-PÉRIN. . . . Idem	Facture.. . .	1017 10	»	D	»	»	»	» »	»
DELGUTTE (V.ᵒʳ). . . . . Idem	Jugement. . .	5000 »	»	»	»	»	»	D »	»
DEGAND-DELANOY (V.ᵉ). . Idem	Endossement..	5325 09	»	»	»	»	»	» »	»
DORDIGNY Aîné. . . . . . Noyon . . .	C.ᵗᵉ de vente..	3310 25	»	»	2589	40	»	» »	»
DESTREZ , courtier.. . . . Lille	Courtage. . .	77 57	»	»	18	75	»	» *pour solder son débit.*	
EMERY-CHAGOT et C.º . . . Paris	Endossement .	3024 40	»	»	»	»	»	» »	»
FAUCHILLE-DELANOY.. . . Lille	Idem	3043 40	»	»	1018	95	»	» »	»
Total à reporter.		33077 44	»	»	3866	93	»	» 741	54

9

NOMS ET DOMICILES.	NATURE des CRÉANCES.	SOMMES DUES.		AUGMENTATION.		DIMINUTION.		REMISES obtenues.		SOMMES payées.	
Report d'autre part.	33077	44	»	»	3866	93	»	»	741	54		
FAUCHILLE (Modeste.).. . . . Lille.	Endossement .	2026	90	»	»	»	»	»	»	»	»
GUILBERT, courtier. . . . . Idem.	Courtage. . .	27	17	»	»	»	»	»	»	»	»
HUC Fils (J. P.). . . . . . Castres	Redressement.	373	47	»	»	300	»	»	»	»	»
LICSON (C.te) *A*. . . . . Lille.	. . . .	10164	60	80	36	1195	20	»	»	»	»
MOREAU (Marie.). . . . . Idem.	Endossement .	2019	85	»	»	»	»	»	»	»	»
OCHIN (Charles.). . . . . . Idem.	Échantillons. .	15	40	»	»	»	»	»	»	»	»
ROUSSEL (Antoine.).. . . . Idem.	Endossement .	6383	45	»	»	»	»	»	»	»	»
ROGER, courtier. . . . . Idem.	Courtage. . .	126	34	»	»	»	»	»	»	»	»
VANDERKUNT Fils et Ce.. Rotterdam. .	Échantillons. .	66	24	»	»	»	»	»	»	»	»
Total.	. . . .	54280	86	80	36	5362	13	»	»	741	54

Bordereau N.° 11.

PAIEMENTS DIVERS,

Dont le montant a été pris sur l'Actif.

A LEROUX, voyageur, pour appointements de novembre 1839..	250	»
A LOUIS, mannelier, son mémoire.	10	80
A LEROUX, voyageur, pour résiliation de son engagement.	467	36
Pour solde des contributions de 1839..	557	15
A VANDENBROUCK, pour solde de livraison de poteries.	14	22
Au Jury médical..	4	»
A SANTIS, en ville, pour solde de sa facture, papier d'emballage..	13	92
Achat d'une scie..	3	50
Abonnement de trois mois au journal de Dunkerque..	5	50
A BULTÉ, tonnelier, son mémoire..	12	75
Au maçon, suivant mémoire.	6	87
A LAMOTTE, couvreur, à valoir.	50	»
Idem, idem, pour solde de son mémoire..	72	80
Achat de 1 1/2 hect. avoine et port.	11	90
Frais de voyage à Paris par M. Jos. VAN DONGHEN.	159	65
A DAUTREPPE, plafonneur, son mémoire.	125	50
A RIDEZ–DELEMER, en ville, son mémoire.	21	10
A MAJOR, pour fourniture de ficelle..	21	60
Supplément à une lettre de voiture de bois de campêche, adressée à Wazemmes, et que l'on a conduite à Lille.	20	»
Pour deux barils vides fournis par LORTHIOIS-DEBUYNE et dont son compte n'a pas été crédité..	5	75
Pour trois mois d'éclairage au gaz.	41	»
TOTAL à reporter.	1875	37

Report d'autre part.	1875	87
Frais de voyage à Anvers par M. VAN DONGHEN.	33	60
A BUSCH, confiseur, son mémoire..	19	50
A FAVRE, ferblantier, son mémoire.	54	55
A M. Alp. TESTELIN, pour frais d'un voyage à Paris avec M. H. DUBOIS fils..	200	»
Achat d'avoine, foin et paille..	10	50
A M. Alp. TESTELIN, pour solde de ses frais de voyage à Paris avec M. H. DUBOIS fils. . .	64	»
Paiement d'une lettre de voiture à quatre caisses indigo, d'envoi de ROBIN et C.ᵉ, du Hâvre, reçues avant la suspension.	55	75
A MEUREUSE, épicier, son mémoire.	35	40
A PAQUET-DELBECQ, sellier, son mémoire..	32	90
A valoir sur les contributions de 1840.	150	»
A DREMAUX-MOREAU, à Valenciennes (*Hôtel du Commerce*), pour frais.	14	30
Contributions de 1840, pour Cysoing..	53	43
Pour ramonages de cheminées..	»	90
A VERMON, maçon, son mémoire.	9	13
Pour l'effet N.ᵒ 141, entré pour F. 544 61 et sorti pour F. 544 60, différence.	»	01
A PRONNIER-LARDINOIS, son mémoire..	63	10
Remboursement à la V.ᵉ DUHAU-RAMBOUILLE, de Vervins, pour restitution de ce qu'elle a payé de trop.	2	05
Pour loyer jusqu'au 15 mars 1840 de la maison occupée par M.ᵐᵉ V.ᵉ TESTELIN, lequel était payable le 15 septembre 1839.	550	»
A M. VIDAL, commissaire, pour frais de voyage.	300	»
Transport et frais d'une voiture envoyée à Lille par C. A. MÉNARD, de Paris..	53	25
A valoir sur les contributions de 1840, de la maison rue de la Grande-Chaussée, N.ᵒ 36.. . .	150	»
Prix d'insertion dans le journal pour l'annonce d'un cheval à vendre..	2	»
A M.ᵐᵉ V.ᵉ DUMEZ, pour livraison de clous, suivant mémoire.	22	18
A WICART-DUFOUR, en ville, pour marchandises fournies en août, septembre et octobre 1839, dont il n'a pas été crédité.	10	40
A VILLETTE et DEHARVENGT, en ville, pour intérêt en leur faveur, suivant compte arrêté au 31 mars 1840.	378	87
A M. DUBOIS, pour remboursement de ses frais de voyage à Marquillies, avec M. G.ᵛ TESTELIN..	10	»
Pour logement d'un officier pendant deux nuits..	3	50
A JEANNE, huissier, à Paris, pour mettre opposition entre les mains de M. HINGUERLOT, sur les actions des bateaux accélérés du Nord, déposées chez lui par MÉNARD.	45	50
Frais de voyage à Douai par MM. LEGRAND, DUBOIS fils et VAN DONGHEN.	36	40
Total à reporter.	4236	59

Report d'autre part.	4236	59
Achat d'un code de commerce, expliqué par Rogron..	7	»
A la Compagnie de l'*Union*, pour acquit d'une obligation des débiteurs pour assurance. . . .	150	»
A Ch. MOUGEOT, en ville, pour commissions sur marchandises vendues pour compte des débiteurs..	22	74
Achat d'un code civil, expliqué par Rogron.	9	»
A valoir sur les contributions de l'année 1840, de la maison rue de la Grande-Chaussée, 36. .	150	»
A la Compagnie du gaz, pour éclairage jusqu'au 30 juin 1840.	111	25
Acquit après protét d'une traite d'Eug. PÉRARD, de Paris, pour intérêt, suivant lettre des Débiteurs du 26 juillet 1839..	63	85
Frais de voyage à Roubaix et Tourcoing, par MM. DUBOIS et VAN DONGHEN.	9	40
Frais de voyage à Paris, par MM. DUBOIS et VAN DONGHEN.	227	45
A CATEL, vitrier, son mémoire..	4	75
Frais de voyage à Paris et Cambrai, par MM. DUBOIS et VAN DONGHEN.	341	15
Frais de voyage à Tournai, par MM. H. DUBOIS et VAN DONGHEN, frais à Marquillies, lettres, etc..	27	30
A LEROUGE, de Tourcoing, pour ouvrages faits à la maison dudit lieu.	82	62
A CAZIER-DELFORTERIE, de Tourcoing, id. id. id.	71	42
Frais de voyage à Roubaix et Tourcoing, par MM. DUBOIS et VAN DONGHEN.	19	75
A l'avocat BLONDEAU, pour frais, tant en 1.re instance qu'en appel, dans l'affaire DELGUTTE.	482	98
A valoir sur les contributions de 1840, de la maison rue de la Grande-Chaussée.	150	»
A HUMBERT-DRINO, en ville, pour deux tonneaux dont il n'a pas pris livraison..	4	70
Frais de voyage à Paris par Jos. VAN DONGHEN..	94	95
A WALKER, avocat de Paris, pour enregistrement, honoraires, etc., non compris les F. 1,250 à lui payés antérieurement à la suspension, portés au débit de son compte, mais non compris dans l'actif du 4 décembre 1839..	1825	50
Frais de voyage à Roubaix, par MM. H. DUBOIS et VAN DONGHEN..	3	85
A la Compagnie d'Assurances générales pour une année de prime de la maison de Tourcoing. .	144	»
Frais de voyage à Roubaix, par M. VAN DONGHEN fils..	1	30
A MAS, huissier, pour main-levée d'hypothèque de MM. CLOUET frères, de Paris..	24	10
Pour solde des contributions de 1840, de la maison rue de la Grande-Chaussée, N.º 36. . . .	94	79
Frais de voyage à Roubaix et Tourcoing, par M. VAN DONGHEN fils.	5	55
A ERNOUD, huissier, pour le coût d'un acte d'appel signifié au sieur V.or DELGUTTE. . . .	14	05
A FAVRE, ferblantier, pour réparation à la plate-forme de la maison rue de la Grande-Chaussée..	9	»
Pour trois mois de loyer de la maison rue de Lancry, à Paris, somme que C. A. MÉNARD a fait suivre en remboursement en envoyant sa voiture à Lille, en avril 1840..	500	»
Total à reporter.	8889	04

Report d'autre part.	8889	04
A BLANCHO, serrurier, son mémoire.	5	»
A HUDELIST, son mémoire antérieur à la suspension.	18	85
A WAGNON, couvreur, à Tourcoing, pour réparations à la maison située audit lieu.	29	71
Frais de voyage à Roubaix et Tourcoing, par MM. DUBOIS et VAN DONGHEN.	13	10
Idem à Paris et Brionne, par idem idem.	445	25
Idem à Valenciennes, par idem idem.	65	35
Idem sur la côte, par idem idem.	194	90
Pour voiture des marchandises reçues en paiement de BAUFFE frères, de Valenciennes. . . .	2	60
A MAS, huissier, pour honoraires de M. LOSTROY, huissier, dans l'affaire FOUDRENOY-FORGET, de Péronne.	6	90
Frais de voyage à Charleroi et Valenciennes, par Jos. VAN DONGHEN.	72	25
A DUHEM, architecte, pour le plan de la maison rue de la Grande-Chaussée, F. 46, dont la moitié est supportée par les enfants TESTELIN, soit.	23	»
Frais de voyage à Gand par MM. LEMOINE, avoué, et Jos. VAN DONGHEN.	41	30
A l'huissier HÉDON, de Saint-Amand, pour honoraires.	5	»
A FLAMEN, avoué, pour ses honoraires, ainsi que de l'avocat ROUSSEL, qui tous deux ont été chargés de dresser le bilan présenté par la maison V.ᵉ TESTELIN-WARESQUELLE et C.ᶜ.	350	»
Frais de voyage à Roubaix et Tourcoing, par MM. DUBOIS et VAN DONGHEN.	17	25
A MAQUET, expert, pour estimation des glaces reprises par l'acquéreur de la maison rue de la Grande-Chaussée, F. 20; dont la moitié a été remboursée par les enfants TESTELIN. . .	10	»
A MICHAUX, aux Batignolles, pour main-levée d'une inscription de MILARD, de Neuilly, sur les biens de MÉNARD, dans le département de l'Eure.	15	10
Frais de voyage à Paris, Clamecy et Brionne, par Jos. VAN DONGHEN.	368	10
Acquit d'un mandat de MENNEQUART, huissier, à Hirson, pour frais et honoraires dans l'affaire SUJOL, teinturier, à Anor, dus lors de la suspension.	106	92
A DELFOSSE, commissaire-priseur, pour estimation des glaces de la maison rue de la Grande-Chaussée, F. 10, dont moitié a été remboursée par les enfants TESTELIN.	5	»
A DELEDICQUE, notaire, pour compte de M.ᵉˡˡᵉ MOREAU, pour remboursement de frais faits par elle sur sa créance.	43	»
Voyage à Douai par MM. LEGRAND, LEMOINE, DUBOIS et VAN DONGHEN.	103	15
A l'avoué BUZIN, de Cambrai, pour honoraires et ports de lettres.	16	20
A l'huissier PILLION, de Valenciennes, pour frais.	4	20
Voyage à Valenciennes, par MM. DUBOIS et VAN DONGHEN.	63	15
A l'huissier VENIÉRE, de Cassel, pour honoraires et ports de lettres.	8	»
A M. BERNARD, de Paris, pour ports de lettres et certificat du greffe de Paris.	8	30
Voyage à Valenciennes, par M. VAN DONGHEN.	31	»
Total à reporter.	10961	62

Report d'autre part.	10961	62
Voyage à Valenciennes, par M. VAN DONGHEN.	35	50
Au greffier du tribunal de commerce de Paris, pour deux certificats.	6	90
Voyage à Paris, Brionne, Bernay et retour à Paris, par M. VAN DONGHEN.	256	»
A ROSLIN jeune, de Bercy, pour obtenir mainlevée de son inscription.	812	50
A l'huissier PAYELLE, pour opposition mise entre les mains de Gustave TESTELIN.	7	80
Port des titres de MORACHE, reçus de Clamecy.	6	10
A PAYELLE, huissier, en ville, pour trois main levées d'opposition.	13	50
Voyage à Tourcoing, par MM. GRULOY, Gustave TESTELIN et MORACHE.	11	»
Voyage à Brionne, Bernay et Paris, par M. VAN DONGHEN.	209	25
Voyage à Cambrai et Douai, par M. VAN DONGHEN.	23	25
Aux avocats, avoués et notaires, pour frais de procédure et actes, déduction faite des sommes supportées par MM. TESTELIN fils, M.^{mo} MORACHE et Mme Alp. TESTELIN.	8698	14
Payé pour transaction avec DUQUESNE, BRABANT et DESSE, de Valenciennes; pareille somme a été payée par Mme Alp. TESTELIN.	2500	»
Deux voyages de Charleroi à Lille, par Alp. TESTELIN, et procurations.	100	»
1/2 des F. 45 payés en deux fois au garde de Marquillies, 1839 et 1840, dont l'autre moitié est supportée par les enfants TESTELIN.	22	50
Voyage à Tourcoing, par M. VAN DONGHEN.	1	95
Idem, Idem.	1	95
Frais de voyage à Douai et Cambrai, par M. VAN DONGHEN.	21	70
A M. DELEDICQUE, notaire, pour solde payé par lui au notaire GRULOY, frais et honoraires.	326	41
A l'avoué LEMOINE, ses notes de frais dans plusieurs affaires, non comprise celle contre les enfants TESTELIN, laquelle lui a été payée F. 1,000 par la liquidation, et le reste par Me DELEDICQUE, notaire.	627	44
Honoraires et frais à l'avoué BUZIN, de Cambrai.	40	80
A l'avoué DEUSY, de Douai, pour honoraires à lui et à l'avocat HURÉ, frais, etc., dans l'affaire en appel contre V.^{or} DELGUTTE.	152	»
TOTAL.	24836	37

Bordereau N.º 12.

FRAIS DE LIQUIDATION,

Dont le montant a été pris sur l'Actif.

Achat de deux registres pour caisse et copie de lettres.	9	»
A DANEL, pour impression de circulaires et timbres , suivant mémoire.	23	»
Achat d'un registre.	3	»
Aux ouvriers, pour leur semaine, du 1.er au 7 décembre 1839.	21	»
A DESPREZ-CATOIRE, en ville, pour 20 hectolitres de charbon.	39	»
A DANEL, en ville, pour impression de circulaires et timbres, suivant mémoire.	13	50
Ports de lettres, menues dépenses et affranchissement de circulaires, au 14 décembre 1839. .	45	25
Aux ouvriers, pour leur semaine, du 7 au 14 décembre 1839.	35	50
A BONVITAL, pour camionage.	16	30
Ports de lettres et menues dépenses, du 14 au 21 décembre 1839.	25	70
Achat de papiers et plumes.	31	»
Aux ouvriers, pour leur semaine, du 14 au 21 décembre 1839.	37	50
A BAUCHET-VERLINDE, en ville, pour fournitures de bureau, suivant mémoire.	11	»
Aux ouvriers, pour leur semaine, du 21 au 28 décembre 1839.	37	»
TOTAL *à reporter.*	347	75

Report d'autre part.	347	75
A M. GEEREBAERT, pour appointements de décembre 1839.	166	66
Ports de lettres et menues dépenses, du 21 au 31 décembre 1839.	33	50
A DANIEL, pour appointements de décembre 1839.	166	66
A POLLIART, idem idem.	66	66
A LYS, idem idem.	66	66
A V.ᵉ ROSSEL-DUTIELT, en ville, pour facture d'encre.	6	»
Aux ouvriers, pour leur semaine, du 28 décembre 1839 au 4 janvier 1840.	37	50
Aux ouvriers, pour leur semaine, du 4 au 11 janvier 1840.	37	50
Ports de lettres, du 31 décembre au 11 janvier 1840.	40	70
A LELEUX, en ville, pour 200 imprimés de reçus.	2	50
Aux ouvriers, pour leur semaine, du 11 au 18 janvier 1840.	25	50
Remboursement d'un port de lettre.	»	60
Ports de lettres et menues dépenses, du 11 au 23 janvier 1840.	40	60
Remboursement d'un port de lettres et frais.	1	52
Aux ouvriers, leur semaine, du 18 au 27 janvier 1840.	25	50
Ports de lettres et menues dépenses, du 23 au 27 janvier 1840.	4	30
Remboursement de ports de lettres.	2	40
Aux ouvriers, leur semaine, du 27 janvier au 1.ᵉʳ février.	18	»
Ports de lettres et menues dépenses, du 27 janvier au 1.ᵉʳ février.	10	80
Idem idem, du 1.ᵉʳ février au 7 idem.	6	20
A GEEREBAERT, pour appointements de janvier 1840.	166	67
A POLLIART, idem idem.	66	66
A DANIEL, idem idem.	166	66
Remboursement d'un port de lettre.	1	10
Aux ouvriers, leur semaine, du 1.ᵉʳ au 8 février 1840.	13	»
Remboursement d'un port de lettre.	»	50
Aux ouvriers, leur semaine, du 8 au 15 février 1840.	14	»
Ports de lettres et menues dépenses, du 7 au 18 février 1840.	21	40
A BAUCHET-VERLINDE, pour livraison d'un registre grand-livre.	14	»
A DESPREZ-CATOIRE, en ville, pour 10 hectolitres de charbon.	28	50
Achat d'un registre pour facture.	2	»
Aux ouvriers, leur semaine, du 15 au 22 février 1840.	13	»
A GEEREBAERT, pour appointements de février 1840.	166	66
A POLLIART, idem, idem.	66	66
A l'ouvrier, sa semaine, du 22 au 29 février 1840.	13	»
Ports de lettres et menues dépenses, du 18 février au 1.ᵉʳ mars 1840.	29	05
Total à reporter.	1890	37

10

Report d'autre part	1890	37
A l'ouvrier, pour sa semaine, du 29 février au 7 mars 1840.	13	»
Idem, idem, du 7 au 16 mars 1840.	13	»
Ports de lettres et menues dépenses, du 1.ᵉʳ au 16 mars 1840.	18	55
A l'ouvrier, pour sa semaine, du 16 au 21 mars 1840.	13	»
Affranchissement de 50 circulaires.	1	25
A GEEREBAERT, pour appointements de mars 1840.	166	66
A POLLIART, idem idem.	66	66
Perte pour négociations d'effets à HEEGMANN et fils et V.ᵉ COTTIGNIES, les 9, 14 janvier et 31 mars.	95	45
Ports de lettres et menues dépenses, du 16 mars au 2 avril 1840.	28	20
A M. Alp. TESTELIN, liquidateur, pour appointements de décembre 1839, janvier, février et mars 1840.	650	»
Aux ouvriers, pour quinze journées de travail, du 21 mars au 4 avril 1840.	38	50
Remboursement de ports de lettres.	1	»
A M. Alp. TESTELIN, pour appointements du mois d'avril 1840.	150	»
A GEEREBAERT, idem du 1.ᵉʳ au 15 idem.	83	33
A l'ouvrier, sa semaine, du 4 au 11 avril 1840.	13	»
Ports de lettres et menues dépenses, du 2 au 18 avril 1840.	19	40
A l'ouvrier, sa semaine, du 11 au 18 avril 1840.	13	»
Ports de lettres et menues dépenses, du 18 au 25 avril 1840.	8	80
A l'ouvrier, sa semaine, du 18 au 25 avril 1840.	13	»
A GEEREBAERT, pour appointements, du 16 au 30 avril 1840.	33	33
A POLLIART . idem , du 1.ᵉʳ au 30 idem..	66	66
Ports de lettres et menues dépenses, du 25 au 30 avril 1840.	4	40
A l'ouvrier, sa semaine, du 25 avril au 2 mai.	13	»
A DECOSTER-AGACHE, en ville, pour frais de recouvrement d'un effet sur Étaples. . . .	1	45
A CHARLES, ouvrier, pour deux semaines qu'il est venu ouvrir, fermer le magasin et nettoyer le bureau..	6	»
Ports de lettres et menues dépenses, du 30 avril au 9 mai 1840.	4	70
Frais d'encaissement d'un effet sur Haubourdin.	»	30
A CHARLES, ouvrier, sa semaine, du 9 au 16 mai 1840.	3	»
Ports de lettres, du 9 au 16 mai 1840.	2	60
Pour impression de 200 reçus.	4	50
Ports de lettres et menues dépenses, du 16 au 23 mai 1840.	5	»
A CHARLES, ouvrier, sa semaine, du 16 au 23 mai 1840..	3	»
A M. Alp. TESTELIN, pour appointements de mai 1840..	150	»
A GEEREBAERT, idem idem..	66	66
A POLLIART, idem idem..	66	66
TOTAL *à reporter*	3727	43

Report d'autre part	3727	43
A CHARLES, ouvrier, pour sa semaine, du 23 au 30 mai 1840.	3	»
Ports de lettres et menues dépenses, du 23 au 30 mai.	2	75
A CHARLES, ouvrier, sa semaine, du 30 mai au 6 juin.	3	»
Ports de lettres et menues dépenses, du 30 mai au 6 juin.	1	65
A POLLET aîné, en ville, pour remboursement d'un port de lettre..	1	»
A CHARLES, sa semaine, du 6 au 13 juin 1840..	3	»
Ports de lettres et menues dépenses, du 6 au 13 juin.	4	20
A CHARLES, sa semaine, du 13 au 20 juin.	3	»
Ports de lettres et menues dépenses, du 13 au 20 juin..	»	80
A CHARLES, ouvrier, sa semaine, du 20 au 27 juin..	3	»
Ports de lettres et menues dépenses, du 20 au 27 juin.	3	40
A V.or VAN DONGHEN, pour appointements de deux mois, échus 25 juin 1840.	200	»
A GEEREBAERT, pour appointements de juin 1840.	66	66
Ports de lettres et menues dépenses, du 27 au 30 juin 1840..	1	50
A BAUCHET-VERLINDE, en ville, pour *un Copie* de lettres..	6	»
A CHARLES, ouvrier, sa semaine, du 27 juin au 4 juillet 1840.	3	»
Ports de lettres et menues dépenses, du 30 juin au 4 juillet..	4	28
Idem idem, du 4 au 11 juillet..	1	70
Idem idem, du 11 au 18 idem.	3	65
Idem idem, du 18 au 25 idem.	4	10
Ports de lettres, enregistrement d'une procuration et timbres..	5	30
A M. GEEREBAERT, pour appointements de juillet 1840.	66	66
A GEEREBAERT, pour appointements et gratification..	33	33
Ports de lettres, du 31 juillet au 8 août 1840.	1	»
Ports de lettres et affranchissement, du 8 au 14 août..	3	10
Idem , du 14 au 22 idem.	1	60
A LELEUX, imprimeur, pour circulaires et insertion d'un avis dans son journal.	19	35
A V.or VAN DONGHEN, pour appointements du 25 juin au 31 août 1840.	220	»
Ports de lettres, du 22 au 31 août 1840..	3	70
Idem , du 31 août au 5 septembre 1840, enregistrement d'une procuration et timbre.	4	50
Idem , du 5 au 12 septembre 1840.	1	50
Idem , du 12 au 19 idem.	1	80
Idem , du 19 au 26 idem.	4	»
Idem , du 26 au 30 idem.	1	20
Idem , du 30 septembre au 10 octobre.	1	»
Idem , du 10 au 17 octobre..	1	13
Idem , du 17 au 24 idem.	1	»
TOTAL *à reporter*	4417	29

Report d'autre part.	4417	29
Ports de lettres, du 24 octobre au 7 novembre 1840, et achat d'un timbre.	2	45
Ports de lettres, du 7 au 16 novembre 1840, et achat de timbres.	2	40
A un ouvrier, pour sept jours de travail.	10	50
Ports de lettres, du 16 au 21 novembre 1840.	2	70
A un ouvrier, pour une journée de travail.	1	50
Ports de lettres, du 21 au 30 novembre 1840, et achat d'un balai.	1	93
A BATAILLE, pour dix hectolitres de charbon.	25	»
Ports de lettres, du 30 novembre au 31 décembre 1840.	5	10
Ports de lettres et menues dépenses, du 31 décembre 1840 au 31 janvier 1841.	8	05
Ports de lettres, du 31 janvier au 28 février 1841.	2	80
Ports de lettres et menues dépenses, du 28 février au 31 mars 1841.	2	40
Ports de lettres, du 30 mars au 30 avril 1841.	3	50
Idem, du 30 avril au 31 mai.	7	50
Idem, du 31 mai au 30 juin.	5	60
Idem, du 30 juin au 31 juillet.	2	60
Ports de lettres et menues dépenses, du 31 juillet au 31 août.	5	20
Ports de lettres, du 31 août au 30 septembre.	»	80
Idem, du 30 septembre au 31 octobre.	6	75
Idem, du 31 octobre au 30 novembre.	6	»
Pour fournitures de bureau.	9	40
Ports de lettres, du 30 novembre au 31 décembre 1841.	4	»
Perte à la négociation d'un effet sur Péronne.	»	50
Ports de lettres, du 31 décembre au 31 janvier 1842, et affranchissement.	3	»
Frais d'encaissement d'un effet sur Roubaix.	»	30
Perte à la négociation d'un effet sur Saint-Quentin.	»	30
Ports de lettres, du 31 janvier au 28 février 1842.	4	30
Idem du mois de mars.	1	80
Idem du mois d'avril.	6	25
Perte à la négociation de deux effets sur Cambrai.	»	50
Ports de lettres du mois de mai 1842.	3	20
Idem du mois de juin.	3	80
Idem du mois de juillet.	»	40
Idem du mois d'août.	2	45
Idem du mois de septembre.	2	50
Idem du mois d'octobre.	»	30
Idem de novembre.	2	30
A M. DANEL, imprimeur, pour circulaires et timbres.	11	75
Total à reporter.	4577	12

Report d'autre part	4577	12
Ports de lettres du mois de décembre 1842.	4	50
A BAUCHET-VERLINDE, pour fournitures de bureau.	11	30
Ports de lettres timbres, etc., du mois de janvier 1843.	2	90
Ports de lettres du mois de février 1843.	»	40
Port d'un envoi de mouchoirs reçus de Valenciennes.	»	75
Ports de lettres du mois de mars 1843.	1	80
Idem du mois d'avril.	2	80
Perte à la négociation d'un effet sur Paris.	»	50
Ports de lettres du mois de mai 1843.	2	90
Idem de juin.	1	10
Port et camionage à un envoi de marchandises de Valenciennes. . . .	1	25
Ports de lettres du mois de juillet 1843.	2	»
A M. L. DANEL, imprimeur, pour circulaires et reçus.	10	25
Ports de lettres du mois d'août 1843.	1	50
Ports de lettres, affranchissements et timbres de septembre. . . .	7	05
Ports de lettres et affranchissemens du mois d'octobre.	4	»
Idem idem du mois de novembre.	6	50
Idem idem du mois de décembre.	3	40
Idem idem du mois de janvier 1844.	4	»
Idem idem du mois de février.	2	60
A Ch. BAUCHET, pour fournitures de bureau.	7	90
Ports de lettres et affranchissements du mois de mars 1844. . . .	4	90
Idem idem du mois d'avril.	2	60
Idem idem du mois de mai.	2	70
Ports de lettres du mois de juin.	»	70
Affranchissement de deux lettres du mois de juillet.	»	90
Ports de lettres du mois d'août.	1	20
Idem et affranchissement, du mois de septembre. . . .	1	50
Ports de lettres du mois d'octobre.	»	60
A REBOUX frères, en ville, pour 125 circulaires.	10	»
Ports de lettres du 31 octobre 1844 au 31 mars 1845.	»	60
Honoraires de M. VAN DONGHEN, gratifications et frais.	4000	»
Total.	8682	22